SÁM SOBĚ RODIČEM

ÚPLNÝ PRŮVODCE VAŠIMI VNITŘNÍMÍ ROZHOVORY

Dr. John K. Pollard, III

Ilustrace Linda Nusbaum

Překlad Dita Sálová, Ph.D.

Generic Human Studies Publishing

Rancho Cordova, California

Tato kniha je věnována památce a dílu

Maxe Freedoma Longa.

Upřímně si přeji, aby **Seberodičovství** inspirovalo a učilo druhé tolik, jako ohromující objevy Maxe Freedoma Longa inspirovaly a inspirují mě.

UPOZORNĚNÍ VYDAVATELE

Myšlenky, procedury a návrhy obsažené v této knize nenahrazují konzultaci s lékařem. Pro záležitosti související s vaším duševním zdravím vyhledejte odbornou pomoc.

Vydavatel
Generic Human Studies Publishing
10400 Ananda Lane, Rancho Cordova, CA, 95670

Original Design by Words Deeds, Los Angeles.
Millennial Design by SimonsStudios.com
Printed in the United States of America.

ISBN: 978-0-942055-39-9

Úvod k mileniovému vydání

Drahý čtenáři,

chci poděkovat všem praktikům **Programu Seberodičovství®**, kteří se ho v posledních třiceti letech účastnili, přečetli si tuto knihu, začali praktikovat každodenní seberodičovská sezení a o skvělých výsledcích, které díky tomu zažili, řekli svým přátelům a terapeutům. Dopad na pole psychologie a osobního rozvoje byl větší, než jsem si kdy dokázal představit. Pokud čtete tuto knihu poprvé, můžete mít díky těmto praktikujícím v ruce výrazně vylepšenou verzi prvního vydání.

Od roku 1987 poskytl **Program Seberodičovství®** podporu a pomoc tisícům praktikujících. Nabídli jsme pomoc čerstvým začátečníkům, stejně jako jsme poskytli moduly a konzultace pokročilým. Díky neocenitelnému úsilí Dennise Gottlieba máme přehledné a reklamy prosté webové stránky, které tu jsou proto, aby vám pomohly: **www.selfparenting.com**.

Každý už někdy slyšel věty typu „buď na sebe laskavý/á", „odpusť si" , „buď na sebe hodný/á". Napadlo vás někdy, podobně jako mě, jak to máte udělat? Kdo má komu odpustit, kdo má být ke komu laskavější?

Program Seberodičovství® rozlišuje dvě strany, které spolu vedou Vnitřní rozhovory: Vnitřní dítě a Vnitřního rodiče. Každé Vnitřní Já má svou vlastní osobnost a spolu s ní také své sny, naděje a strachy. Příliš často se nám v životě stává, že potřeby jednoho Já jsou uspokojeny na úkor druhého Já. Ve výsledku zjistíme, že při hledání rovnováhy a vnitřního míru mnohdy bojujeme sami se sebou. Množství lásky, energie a podpory, které svému „Vnitřnímu dítěti" věnujete, určuje kvalitu a prožívání vašeho „vnitřního" štěstí. Denní seberodičovská sezení pečují o váš niterný vztah k sobě sama, a ten je rozhodně stejně tak reálný a důležitý jako kterýkoli jiný vnější vztah.

Všechno začíná touto knihou, která obsahuje všechny detaily a procesy seberodičovství. Je aktualizovaná pro potřeby nového tisíciletí a poskytuje úplné pokyny potřebné k tomu, abyste mohli každý den praktikovat půlhodinová sezení pozitivního seberodičovství.

Pokud začnete s metodami popsanými v této knize pracovat, navštivte naše webové stránky, kde vás seznamujeme s dalšími doporučenými kroky k budování pozitivního a trvalého vztahu mezi vašimi dvěma jedinečnými Já. Váš Vnitřní rodič a vaše Vnitřní dítě mohou společně dosáhnout pocitu vyrovnanosti, harmonie a osobního naplnění ve vašem životě. Mohu-li vám být na vaší cestě jakkoli nápomocný, dejte mi, prosím, vědět.

John K. Pollard, III

http://www.selfparenting.com

OBSAH

Část III

Seberodičovská cvičení

ÚVOD

Každý z nás sám sebe ve své mysli neustále nějak vychovává. Nemusíme si toho být vědomi, na věci to nic nemění. Chovat se v běžném životě sám k sobě jako rodič je přirozená součást našich myšlenek, pocitů a jednání. Každý den činíme rozhodnutí založená na našem konkrétním způsobu seberodičovství. Reflektují způsob, jakým se v naší mysli kombinují a prolínají hlasy Vnitřního dítěte a Vnitřního rodiče, kteří oba vstupují do našich interakcí s vnějším prostředím. Tím, že si začneme více uvědomovat způsob, jak sami sebe prostřednictvím Vnitřních rozhovorů vychováváme, můžeme opouštět nevědomá automatická nastavení a začít do svého života vnášet vědomé volby.

Pro snazší porozumění základním principům pozitivního seberodičovství jsme knihu *SÁM SOBĚ RODIČEM: úplný průvodce vašimi Vnitřními rozhovory* rozdělili do tří částí.

První část vás seznámí s Vnitřními rozhovory. Čtyři kapitoly podrobně popisují hlasy Vnitřního dítěte a Vnitřního rodiče a zároveň ukazují, jak tyto hlasy spolu vzájemně v mysli komunikují. Uvědomování si Vnitřních rozhovorů představuje v procesu seberodičovství první úroveň, která tvoří základ pro jeho intelektuální, rozumové pochopení.

Druhá část vás seznámí s Vnitřními konflikty. K Vnitřním konfliktům dochází mezi Vnitřním dítětem a Vnitřním rodičem během Vnitřních rozhovorů. Praktické příklady a kroky vám ukáží, jak řešit Vnitřní konflikty pozitivním způsobem, aniž by kdokoli prohrál. Prožitek příčin Vnitřních konfliktů otevírá druhou, emocionální, úroveň porozumění procesu seberodičovství.

Třetí část vás uvede do praxe seberodičovství. Skutečnost, že se budete praxi seberodičovství věnovat předepsaným způsobem pravidelně třicet minut, vám přinese do života mnoho dobrého. Praktická část má formu pracovního sešitu a obsahuje četné a konkrétní příklady seberodičovství v „reálném světě". Zvládnout a praktikovat půlhodinová sezení představuje třetí úroveň, je to počátek skutečného chápání procesu seberodičovství.

Kapitoly knihy na sebe plynule navazují, proto doporučuji věnovat čas a energii tomu, abyste každé části předtím, než postoupíte dál, dobře porozuměli. Díky tomu budou mít vaše seberodičovská sezení největší šanci na úspěch.

1 | UŽ JSTE NĚKDY SLYŠELI ROZHOVOR VE SVÉ MYSLI?

Už jste někdy slyšeli rozhovor ve své mysli?

Pokud myslíte, že ano, nebo pokud myslíte, že ne, anebo pokud si právě teď říkáte:

„No, nejsem si úplně jistý, jestli jsem někdy ve své mysli nějaký rozhovor slyšel/a …"

tak se na chvilku zastavte a zaposlouchejte se: třeba zaslechnete vnitřní dialog, který se právě teď odehrává ve vaší mysli. Možná zní nějak takto:

VNITŘNÍ ROZHOVOR

Odehrává se při čtení této knihy.

A: „Já? Rozhovor v mojí mysli? Co to
jako znamená?“

> **B:** „Nevím, nemyslím, že bych měl
> mít v hlavě nějaké rozhovory.“

A: „Možná to je to, když slyšíš hlasy.“

> **B:** „Nikdy! Nemůžu nikomu říct, že
> slyším v hlavě hlasy. Mysleli by, že
> jsem blázen.“

A: „No možná sem tam něco
slyším. Nějaké rozhovory. Hodně
přemýšlím.“

> **B:** „No nevím. Možná jsem jednou
> sám se sebou mluvil.“

A: „Když tak o tom přemýšlím,
myslím, že něco slyším…“

> **B:** „Jo. Myslím, že by se to tak dalo
> říct.“

A: „O čem je vůbec ta kniha?“

> **B:** „Nevím, rád bych to zjistil.“

A: „Já taky.“

> **B:** „Čti dál a uvidíme.“

A: „Tak jo.“

Uvnitř
vaší mysli
probíhají rozhovory
neustále.

Jsou velmi rafinované, sotva zřetelné a probíhají velmi rychle. Vnitřní rozhovory jsou daleko rychlejší než naše běžné „vnější" rozhovory mezi dvěma lidmi.

Zpočátku, když se seznamujete se strukturou svých Vnitřních rozhovorů, možná ani nevěříte, že vůbec existují. To je kvůli tomu, že se odehrávají mimo vědomou mysl. Nicméně jakmile si je jednou uvědomíte, uslyšíte rozhovory, které se ve vaší mysli odehrávají, mnohem hlasitěji. A po nějaké době budete své Vnitřní rozhovory důvěrně znát.

Jakmile začnete své Vnitřní rozhovory pozorně poslouchat a začnete používat cvičení v tomto průvodci, uslyšíte své Vnitřní rozhovory všude, během kterékoli bdělé činnosti.

Objevují se, když čtete, když se milujete, obědváte, díváte se na televizi, řídíte auto, venčíte psa, opalujete se na pláži nebo během jakékoli jiné činnosti, která vás jen napadne.

Vnitřní rozhovory se ve vaší mysli také odehrávají, když jedete na kole, plánujete dovolenou, hrajete bowling, jdete do školy, chodíte po horách nebo běháte v parku (jeden takový rozhovor právě slyším!).

Objevují se na první schůzce, na druhé i na všech ostatních. Vnitřní rozhovory se nevypaří záhadně v okamžiku, kdy je vám osmnáct, jednadvacet, čtyřicet nebo snad šedesát. Jsou nedílnou součástí vašeho způsobu života, toho, jak se o sebe dny, týdny a měsíce emocionálně a mentálně staráte. Některé Vnitřní rozhovory na určitá témata se mohou opakovat celé roky, dokud se okolnosti, které s nimi souvisejí, nevyřeší.

Tato kniha
přináší příklady
mnoha typických
Vnitřních rozhovorů,
které studenti
zaznamenali během
třicetiminutových
sezení popsaných
v Praxi seberodičovství.

Půlhodinová sezení vám pomohou tyto mentální diskuse rozpoznat. Naučí vás, jak jim rozumět a jak je používat k tomu, abyste mohli být sami sobě pozitivními rodiči.

Tady je ukázka jednoduchého Vnitřního rozhovoru, který jste už párkrát mohli po práci nebo po škole slyšet:

VNITŘNÍ ROZHOVOR:

Odehrává se kolem šesté hodiny po příchodu ze školy nebo z práce.

A: „Co budeme jíst?"

B: „Nevím."

A: „Hele, měl by sis dát něco k jídlu
nebo omdlíš."

B: „Sendvič s burákovým máslem."

A: „Nebuď směšný! To už jsme měli
k obědu."

B: „Hele, tak já nemám hlad."

A: „Ale budeš mít. V lednici nic není."

B: „Tak pojďme do obchodu."

A: „Rád bych, ale nemám čas. Musíme
v sedm odejít, máme přednášku
o seberodičovství."

B: „Tak se po cestě stavíme
v McDonaldu."

A: „No, tam jsme byli už včera
a předevčírem."

B: „A co Burger King, to je fakt
kousek!"

A: „Jo, to zní dobře…"

Pamatujte si,
že Vnitřní rozhovory
probíhají bezděčně
a téměř automaticky
jako autopilot.

V náročnějších a zátěžových situacích se Vnitřní rozhovory vynořují s větší intenzitou, jak ukazuje následující příklad:

VNITŘNÍ ROZHOVOR:

Ustaraná matka, jejíž dcera se nevrátila do jedenácti večer domů, ačkoli řekla, že přijde.

A: „Bože, kde je moje dítě?"

B: „Nedělej si starosti, bude v pohodě."

A: „Už je půl dvanácté, a ještě není doma."

B: „Možná se jen dobře baví
a zapomněla na čas.“

A: „Co když se jí něco stalo?“

B: „Děláš si moc starostí. Za chvíli
bude doma.“

A: „Jestli se mojí holčičce něco stane,
nikdy si to neodpustím.“

B: „Je to hodná holka, kdyby se jí něco
stalo, dala by nám vědět.“

A: „Zavolám Zuzčině matce a zeptám
se, jestli tam není.“

B: „Teď začínáš vyšilovat.“

A: „Já už vyšiluju! Dej mi pokoj!“

B: „Počkáme ještě aspoň půlhodiny.“

A: „Možná bych měla zavolat na
policii.“

B: „Možná by ses mohla uklidnit.“
(Zvoní telefon.)

A: „Panebože, co když je
to nemocnice…“

B: „Uf! Možná teď zjistíme, co se
děje, a budeme mít chvilku klid.“

A: „Co když to není ona?“

B: „Zdvihni ten telefon. Už dvakrát
zvonil.“

Zní vám tyto Vnitřní rozhovory povědomě?

Neběží vám v obdobných situacích hlavou stejné myšlenky? Většina lidí si své Vnitřní rozhovory neuvědomuje. Jednoduše na ně nemyslí, ani o nich nepřemýšlí, protože se objevují tak přirozeně.

Vnější rozhovory je snadné studovat a rozumět jim, protože se odehrávají ve vnějším, objektivním fyzickém světě. Můžeme je nahrát, zapsat a pak analyzovat.

Vnitřní rozhovory je naopak daleko těžší pozorně sledovat. Vynořují se mentálně uvnitř mysli, a ačkoli je jejich existence úplně stejně reálná, nelze je nahrát.

Dozvědět se víc o vašich Vnitřních rozhovorech vám může v mnoha ohledech pomoci. Vnitřní rozhovory jsou klíčem k vašim skutečným pocitům a myšlenkám. Musíte vědět, co chcete, abyste to dostali. Vnitřní rozhovory vám tím nejpřímějším možným způsobem přesně řeknou to, co si myslíte a prožíváte, a díky tomu dostanete přesně to, co chcete.

Prvním krokem k pozitivnímu seberodičovství je trénovat bdělou pozornost k tomu, aby si všimla konkrétních Vnitřních rozhovorů, které sami se sebou vedete. Tím, že se budete cvičit v používání cvičení z třetí části knihy, rozvinete u sebe k Vnitřním rozhovorům hlubokou vnímavost. Naučíte se způsob, jak své Vnitřní rozhovory zaznamenávat, abyste rozvíjeli své seberodičovství. Také se naučíte, jak tato třicetiminutová sezení používat k snadnějšímu řešení Vnitřních konfliktů, které se ve vaší mysli vytvoří.

Prozkoumáváním Vnitřních rozhovorů můžete odhalit skryté překážky osobního štěstí! Každý emocionální nebo mentální problém, který ve svém životě máte, původně začal jako spor, ke kterému došlo během Vnitřních rozhovorů. Ať už cítíte obavy, nudíte se, jste zmatení nebo se zlobíte, Vnitřní rozhovory vám sdělují, jaký další krok potřebujete udělat k tomu, abyste zlepšili nebo si ulehčili svůj život. Čím víc se naučíte být během Vnitřních rozhovorů sami sobě pozitivními rodiči, tím smysluplnější váš život bude.

Vnitřní rozhovory: Kdo s kým mluví?

Rozhovor v mysli se musí odehrávat mezi dvěma stranami. Jeden hlas by si totiž neměl s kým povídat, ani by neměl na koho reagovat.

Tyto dva hlasy nazývám Vnitřní rodič a Vnitřní dítě. Jsou každý obdivuhodně jiný – jsou to různé osobnosti a mají odlišné rysy.

Když jste byli malí, přejali jste a zvnitřnili jste si povahy svých rodičů – otce a matky. Jste biologicky naprogramováni k tomu, abyste napodobovali jejich chování, to je normální součást lidského vývoje. Výsledkem je, že kolem sedmi let věku jste nevědomě vstřebali myšlenky, názory a osobité způsoby svých rodičů.

Tyto postoje a názory se přetavily do hlasu na levé straně vašich mentálních Vnitřních rozhovorů – do hlasu **Vnitřního rodiče**.

Jako dítě jste také měli své malé ego a svůj pohled na svět. Posuzovali jste a vytvářeli si soubor názorů a reakcí na rodiče a na svět kolem vás. Ať už vaše rozhodnutí o věcech v okolním světě byla dobrá nebo špatná, zapsala se do vaší mysli.

Dnes tento hlas uvnitř vás reaguje stále stejně, jako když jste byli malí – bez ohledu na váš aktuální věk, ať už vaše dětství bylo před dvaceti, čtyřiceti nebo šedesáti lety. Tento hlas se jmenuje **Vnitřní dítě**.

Vnitřní rozhovory jsou dialog těchto dvou různých hlasů. Tyto dva názory uvnitř vás představují také vzájemnou interakci mezi racionální myslí (myšlením) a emocionálním srdcem (pocity).

Každý hlas ve vašem Vnitřním rozhovoru má svůj určitý styl a způsob, jak přistupuje k problémům v životě. Vnitřní rodič má svůj vlastní mentální názor, intelektuální rady a racionální uvažování. Vnitřní dítě má své emocionální prožívání, iracionální reakce a subjektivní odpovědi. Obě tato Já mají své důležité potřeby a chtějí, aby byly uspokojeny.

Jak procházíte životem, čelíte různým výzvám a učíte se způsobům, jak zvládat své zkušenosti. Na základě těchto dvou Vnitřních hlasů uvnitř své mysli se rozhodujete a činíte vnější volby. Někdy jsou tyto dva hlasy v harmonickém souladu, jindy ne. Rozhodnutí, která děláte, a okolnosti, které vás v životě obklopují, vznikají coby nejlepší možný způsob zvládnutí toho, co život přináší, jako kombinace obou Já: Vnitřního rodiče a Vnitřního dítěte.

<u>Vaše Vnitřní rozhovory často odrážejí neshody či rozepře mezi těmito dvěma hlasy.</u>

Tyto konfrontace zvané Vnitřní konflikty vypadají stejně jako klasické vnější dohadování mezi vnějším rodičem a vnějším dítětem až na to, že se odehrávají uvnitř vaší mysli. Důvodem je to, že problémy, které právě v rámci Vnitřního rozhovoru zakoušíte, jste nejprve zažili během svého růstu v podobě nějakého vnějšího problému.

Vnější konflikty jste zažili s „důležitými druhými" jako byli vaši rodiče, prarodiče nebo jiné osoby, které jste poznali v určitých modelových rolích. Nyní se opakují ve vašich Vnitřních rozhovorech v podobě Vnitřního konfliktu. Staly se z nich zvnitřněné verze vašich reálných konfliktů mezi vnějším rodičem (důležitým druhým) a vnějším dítětem, které zůstaly nevyřešeny. Pozitivní seberodičovství vám umožní vyřešit Vnitřní konflikty tím, že oběma hlasům z Vnitřního rozhovoru pomůže uspokojit jejich potřeby.

Tady je další příklad
Vnitřního rozhovoru,
který zaznamenal
dobrovolník na jednom
z našich workshopů.

Chci kousek koláče.
Nejez ten koláč! Zase přibereš a bude z tebe tlusté prase.
Mám hlad!
Jestli máš hlad, tak si dej něco zdravého.
Nechci něco zdravého, chci čokoládu.
Už jsi večeřela. Teď jdi do postele.
Jen malý kousíček než půjdu spát.
Neměla bys jíst před spaním. Budeš tlustá.
Je mi to jedno. Mám hlad!

A co tento klasický Vnitřní rozhovor inspirovaný zkušenostmi z tisíců vnějších rozhovorů:

Chci jít plavat.
Ne. Nemůžeš!
Proč ne?
Protože jsi právě po jídle.
Je to půl hodiny. A nesnědl jsem toho tolik.
Chceš mít křeče v břiše a umřít? To chceš?
Ne. Je horko a chci se ochladit.
Je mi jedno, jak moc je horko. Do toho bazénu ještě hodinu nepůjdeš.

**Všimli jste si, že tyto Vnitřní
rozhovory** znějí úplně stejně jako
vnější rozhovory, které jste kdysi
v minulosti vedli se svými vnějšími
rodiči?

FAJN.

Rozdíl je v tom, že
jakmile se na Vnitřní
rozhovory naladíte,
zjistíte, že se uvnitř vaší
mysli dávné rozhovory
STÁLE ODEHRÁVAJÍ.

Objevují se, i když skuteční
rodiče nejsou nablízku, nebo
dokonce i když před mnoha lety
zemřeli. Je to kvůli tomu, že váš
život je stále ovlivňován tím, jak
si během Vnitřního rozhovoru
mentálně přehráváte to, co jste se
v dětství naučili a zažili.

Jakmile začnete víc naslouchat svým Vnitřním rozhovorům, seznámíte se s oběma hlasy důvěrněji a začnete je slyšet zřetelněji. Tato kniha vám ukáže, jak začít vést Vnitřní rozhovory s bdělejším uvědoměním tak, abyste mohli nevídaným způsobem zlepšit svůj život a své prožívání.

S pozitivním seberodičovstvím se naučíte, jak řešit Vnitřní konflikty, které vám brání zažívat v životě pocity štěstí, smysluplnosti a naplnění. Vnitřní rozhovory založené na pozitivním seberodičovství jsou klíč k vašemu osobnímu štěstí.

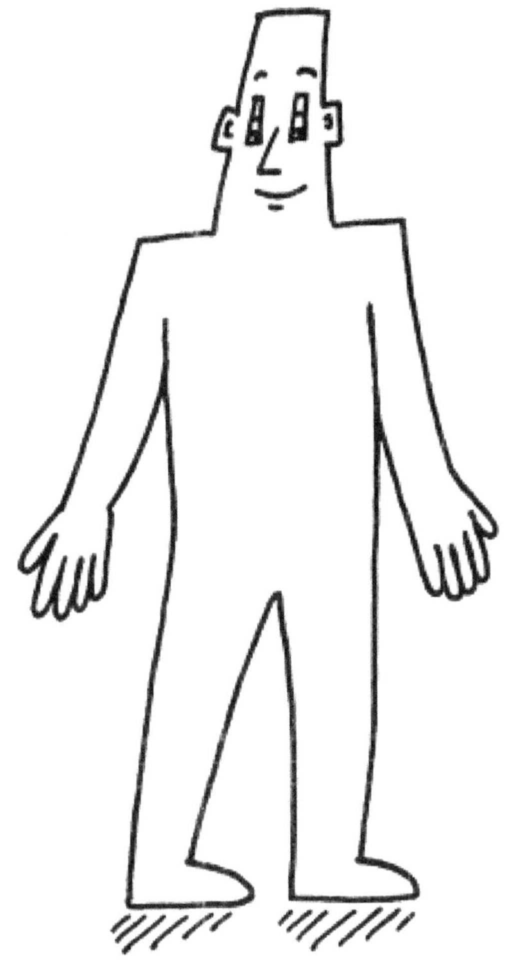

2 | KDO JE VÁŠ VNITŘNÍ RODIČ?

Jedna strana Vnitřního rozhovoru vás provádí denními činnostmi a aktivně se účastní plánování vaší budoucnosti. Tento hlas, zvaný Vnitřní rodič, je výsledek individualizovaného rodičovství, kterého se vám dostalo od vašich rodičů (anebo jiných podobně důležitých osob).

Odráží specifické kvality toho, jak vás vnější rodiče naprogramovali, a zkušenosti, kterým jste byli v průběhu formativních let vystaveni během vzájemných interakcí s prarodiči, sourozenci, příbuznými, vrstevníky, učiteli, kouči či náboženskými vůdci.

Váš Vnitřní rodič se obvykle označuje jako **osobnost** nebo **ego**.

Vyjadřuje všechny komentáře a postoje k jakémukoli představitelnému aspektu vašeho života, který jste dostali od vnějších rodičů.

Když jste byli malí, zrcadlili jste styly, postoje a osobité způsoby rodičů.

Od narození jste biologicky naprogramovaní napodobovat chování rodičů, které sloužilo jako model či šablona pro rozvoj vašeho vlastního stylu chování a jednání. Pozorování a nápodoba byl váš způsob učení, jak se stát dospělým.

Hlas Vnitřního rodiče jste začali rozvíjet již ve velmi raném věku. Psychologické základy samostatnosti, která se vyvinula do podoby vašeho Vnitřního rodiče, jste si vybudovali už ve věku od dvou do čtyř let!

Když jste se narodili, vaše mysl byla prázdná podobně jako je jednotka počítače. Dva předprogramované počítače, které vypadají jako váš táta a máma, vám pomáhali začít používat váš nový počítač tím, že na váš pevný disk průběžně nahrávali nové informace.

Váš Vnitřní rodič v důsledku toho převzal mnoho rysů vašich vnějších rodičů. Například pokud byl váš otec emocionálně chladný a vaše matka emocionálně vřelá, váš Vnitřní rodič bude kombinací obou jejich povah. Pokud ve vašem dětství hráli velkou roli prarodiče, bude mít váš Vnitřní rodič také některé jejich individuální vlastnosti a rysy.

Když jste začali objevovat tento zvláštní a báječný svět, někdy jste použili programovací jazyk jednoho, jindy druhého rodiče. Další vstupy jste získávali tím, jak jste přicházeli do vzájemného kontaktu s dalšími výchovnými činiteli jako jsou učitelé, televize nebo vrstevníci.

Všechny tyto zkušenosti, vědomé i nevědomé, pomohly vytvořit Vnitřního rodiče, kterého máte dnes.

Váš Vnitřní rodič je jedinečný. Představuje specifickou kombinaci naprogramování, které jste dostali právě vy. Dokonce děti se stejnými vnějšími rodiči si vytvoří různé Vnitřní rodiče, protože v rodině je každé dítě vychováváno jinak.

Významný vliv mají také společenské a kulturní faktory. Například společenský a sociální hlas Vnitřního rodiče se výrazně liší podle toho, zda jste vyrůstali v padesátých či šedesátých letech anebo naopak v sedmdesátkách nebo osmdesátkách.

Na Vnitřního rodiče má také vliv to, zda jste vyrůstali v Austrálii, na Bali, ve Spojených státech, v Rusku, Číně nebo v jižní Americe, podobně jako je v bývalém Československu rozdíl, zda jste vyrůstali před listopadem nebo po listopadu 1989.

Tím, jak dětství končí a pomalu přebíráte odpovědnost dospělého za svůj život, vnější programování z dětství se zvnitřňuje a stává se vodítkem pro seberodičovství ve vašem vlastním životě.

Váš dospělý Vnitřní rodič teď využívá u(s)chované vzpomínky na výchovu, aby s jejich pomocí řídil váš život. Vzhledem k tomu, že jste rodičovské vzory přejali tak záhy v raném věku, je snadné toto programování považovat za samozřejmost. Nicméně dopad takového programování může být pozitivní, negativní, případně kombinace obojího.

Pozitivní
Vnitřní rodič

Potenciální silné stránky hlasu Vnitřního rodiče jsou tytéž silné stránky, jaké by měl ideální vnější rodič. Váš Vnitřní rodič může být výborný učitel, poskytovat vašemu Vnitřnímu dítěti vedení a jít mu příkladem. Vnitřní rodič může s Vnitřním dítětem udržovat vzájemný důvěrný pocit péče a podpory, díky čemu bude moci Vnitřní dítě rozvíjet své nadání a dovednosti.

Když máte o své Vnitřní dítě pozitivní zájem nebo když mu dodáváte odvahu, projevujete se jako pozitivní Vnitřní rodič.

V náročných obdobích představuje pozitivní Vnitřní rodič klidný a konejšivý hlas, který je Vnitřnímu dítěti vždy nablízku, připraven mu pomoci a podpořit ho. Vnitřní rodič rozhoduje, vybírá varianty a vyhodnocuje důležitost pro obě Já.

Pozitivní Vnitřní rodič poskytuje Vnitřnímu dítěti podporu a péči pokaždé, když se Vnitřní dítě vyleká nebo když se zlobí, a to tím, že se Vnitřního dítěte zeptá, co potřebuje, a tyto jeho potřeby uspokojí.

Pozitivní Vnitřní rodič může prostřednictvím cvičení a praxe seberodičovství, a skrze pozitivní vzájemnou interakci během Vnitřních rozhovorů, poskytnout Vnitřnímu dítěti cokoli, co Vnitřní dítě chce nebo potřebuje.

Trénink a praxe umožňují pozitivnímu Vnitřnímu rodiči značně rozvinout racionální myšlení a intelektuální činnost. Je to právě tento niterný hlas, který tráví mnoho času tím, že se snaží přijít věcem na kloub a promýšlí všechny možné následky a důsledky vašeho jednání včetně těch nezamýšlených a nepříznivých.

Vnitřní rodič také dobře zvládá rozhodování v komplikovaných případech. Rozkouskuje činy na minulost, přítomnost a budoucnost. Baví ho stanovovat hranice, vytvářet právní dokumenty, používat fakta a čísla. Mnoho vnější komunikace vychází z Vnitřního rodiče, zejména když se snažíme být zdvořilí nebo úředně formální.

Pozitivní Vnitřní rodič zajišťuje Vnitřnímu dítěti stabilitu a poskytuje mu podporu tím, že se ve vzájemném kontaktu během seberodičovských interakcí chová k Vnitřnímu dítěti pečujícím a milujícím způsobem. Částečně toho lze dosáhnout odstraněním negativního sebeprogramování. Praktikování pozitivního seberodičovského stylu během Vnitřních rozhovorů, které probíráme v třetí části knihy, také může přispět svým dílem.

Pokud vaši vnější rodiče a ostatní důležité osoby odvedli svoji práci ve vašem dětství dobře, budete mít pozitivního, milujícího a pečujícího Vnitřního rodiče.

Negativní
Vnitřní rodič

Negativní Vnitřní rodič je náchylný k témuž zanedbávajícímu a nepečujícímu chování, které mohli mít vaši vnější rodiče. Vnitřní rodič může začít Vnitřní dítě rychle soudit a poučovat. Je pro něj běžné, že varuje, radí nebo plísní Vnitřní dítě a hubuje ho za jeho pocity.

Mnohdy Vnitřní rodič učiní závažné životní rozhodnutí, aniž by se Vnitřního dítěte vůbec zeptal, jak se Vnitřní dítě cítí – přesně jako to dělali vaši vnější rodiče vám.

Racionalita může být silnou stránkou vašeho
Vnitřního rodiče, ale také s sebou může přinášet některé
závažné programovací vady. Jinak řečeno jednání Vnitřního
rodiče může být občas značně iracionální v důsledku
zapletení sebe sama (a zapletení Vnitřního dítěte) do sítě
chybného myšlení. Vnitřní rodič může být malicherný
a v nedůležitých věcech hnidopich. Je to přesně ta část,
která ve Vnitřních rozhovorech zaznívá v podobě vět
„měl bys udělat tohle" a „neměl bys dělat támhleto."
Může to být také nadměrně kritický a zastrašující hlas.
Mnoho negativních vlastností, kterým jste byli vystaveni
ve vnějším rodičovství, má sklony stát se součástí vašeho
vnitřního seberodičovství.

Vnitřní rodič má na Vnitřní dítě velký vliv. Pravděpodobně je to ten hlas, který během Vnitřních rozhovorů slýcháte nejhlasitěji a nejdéle.

Největší zkoušku představují pro Vnitřního rodiče chvíle, kdy se potřeby Vnitřního rodiče a Vnitřního dítěte střetnou a nastanou Vnitřní konflikty. V takových situacích má Vnitřní rodič tendenci ovládnout Vnitřní dítě z titulu své moci a autority.

Nicméně pokud Vnitřní rodič vyhrává ve Vnitřních konfliktech bitvy tím, že svou přirozenou moc používá negativním způsobem, je to na úkor Vnitřního dítěte. Pokud nebude váš Vnitřní rodič o Vnitřní dítě pečovat, budete ve svém životě postrádat radost a nadšení. A to značně nabourává schopnost obou Já být šťastný.

Už jste někdy slyšeli, jak novopečení rodiče říkají, že u svých dětí nechtějí opakovat stejné chyby jako jejich rodiče? Později zjistí, že říkají a dělají svým dětem doslova úplně to samé.

Nepotřebujete vlastní děti na to, abyste zjistili, že sami sobě děláte totéž. Když začnete praktikovat seberodičovství, zjistíte, že se k sobě chováte a jednáte stejně, jako se k vám chovali vaši rodiče. Jediný rozdíl je v tom, že teď si to všechno ve svých Vnitřních rozhovorech děláte zcela vy sami.

Negativní Vnitřní rodič často zanedbává, znevažuje, nechápe nebo zcela ignoruje potřeby a přání Vnitřního dítěte. Negativní Vnitřní rodič může Vnitřní dítě zneužívat různými způsoby – být sobecký, náročný, puntičkářský nebo může na Vnitřní dítě vyvíjet nepřiměřený tlak.

Pokud vaši vnější rodiče neodvedli dobrou práci a neposkytovali vám péči a lásku, budete mít tendenci projevovat negativní a nepečující seberodičovský styl.

Ideální úloha Vnitřního rodiče

Ideální úlohou Vnitřního rodiče
je milovat, podporovat a pečovat
o Vnitřní dítě. Ideální Vnitřní rodič
je schopen přijmout, učit a motivovat
Vnitřní dítě a zachovat si při tom
schopnost rozlišovat a respektovat
Vnitřní dítě jako samostatné a odlišné
Já.

Ideální Vnitřní rodič si nemyslí,
že mu Vnitřní dítě „patří" o nic víc,
než jako „patří" vnější dítě vnějšímu
rodiči.

Ideální Vnitřní rodič používá
všechny pozitivní dovednosti běžné
interakce mezi rodičem a dítětem
s přirozenou lehkostí a se znalostmi
nashromážděnými během let
důvěrného, milujícího a pečujícího
vztahu.

Další úlohou Vnitřního rodiče je doprovázet a podporovat Vnitřní dítě při prozkoumávání jeho zájmů, talentů a vloh. Jak se budou zlepšovat vaše seberodičovské dovednosti, můžete Vnitřnímu dítěti pomoci objevit a rozvinout jeho přirozené nadání a kvality, stejně jako ho můžete poučit o životě.

Praktikováním seberodičovských cvičení budete prohlubovat podporu a péči o sebe sama, díky které se posílí vaše sebeúcta a vzroste pocit vlastní hodnoty.

Ideální Vnitřní rodič podporuje fyzické, emocionální, mentální a sociální potřeby Vnitřního dítěte.

Na fyzické úrovni věnuje ideální Vnitřní rodič pozornost tělesným potřebám Vnitřního dítěte. Uspokojuje jeho fyzické potřeby a touhy tím, že pro něj zajišťuje prostředí tepla, bezpečí a jistoty. Dává pozor a hlídá zdravotní potřeby Vnitřního dítěte. Dodává Vnitřnímu dítěti odvahu si hrát a povzbuzuje ho, aby zapojovalo do hry celé tělo a rozvíjelo své smysly.

Emocionálně je Vnitřní rodič vnímavý k citovému rozpoložení a stavu Vnitřního dítěte. Názorně Vnitřnímu dítěti dokládá své porozumění pro jeho potřeby, požadavky a touhy. V interakci s Vnitřním dítětem je díky svým dobrým komunikačním schopnostem pozitivní a pečující. Ideální Vnitřní rodič podporuje Vnitřní dítě a vede ho k tomu, aby si vytvářelo vlastní nezávislou identitu a osobnost. Stává se z něj doživotní partner a rádce Vnitřního dítěte.

Na mentální úrovni ideální Vnitřní rodič učí Vnitřní dítě, jak to v životě chodí, a smysluplně odpovídá na jeho otázky. Dodává Vnitřnímu dítěti odvahu, doprovází ho a podporuje při objevování jeho zájmů a talentů. Ve vztahu k Vnitřnímu dítěti ochotně a způsobile přijímá úkol, a současně odpovědnost, být mu pozitivním seberodičem.

Jeden způsob, jak se stát pozitivnějším Vnitřním rodičem, je i čtení této knihy a praktikování seberodičovských cvičení.

Sociálně podporovat a pečovat o Vnitřní dítě znamená, že ideální, přirozený a svobodný Vnitřní rodič monitoruje Vnitřní dítě a spolupracuje s ním v jeho vnějších vztazích. Ty se odehrávají ve „vnějších interakcích", např. v rodině, s přáteli, při randění, v manželství, se sousedy nebo v práci. Jakmile začnete věnovat více pozornosti pocitům Vnitřního dítěte ve vnějších vztazích, naučíte se rozpoznávat, zda je vaše Vnitřní dítě šťastné či nikoli. Zjistíte, že se zlepší vaše schopnost hrát ve vnějších vztazích svůj part. Snadno rozpoznáte vztahy, v nichž je vaše Vnitřní dítě nešťastné, a budete schopni je vyladit ku prospěchu obou vašich Vnitřních Já.

Skutečná a nejvyšší úloha Vnitřního rodiče je:

NAUČIT SE,
JAK MILOVAT
A PODPOROVAT
VNITŘNÍ
DÍTĚ
A JAK
O NĚJ
PEČOVAT!

To je klíč k osobnímu štěstí a spokojenosti. K tomu, abyste zlepšili milující a pečující kvality Vnitřního rodiče, stačí osvojit si pozitivní vnější rodičovské dovednosti a začlenit je do Vnitřních rozhovorů.

Jakmile Vnitřní rodič přijme výše popsané úlohy za své, může začít fungovat jako velmi účinný a efektivní seberodič Vnitřního dítěte. A nejlepší je, že Vnitřní rodič a Vnitřní dítě budou to, co spolu cítí a prožívají, milovat!

3 | KDO JE VAŠE VNITŘNÍ DÍTĚ?

Vnitřní dítě je zcela
samostatné a jedinečné Já,
odlišné od Vnitřního rodiče.
Představuje pocity, emoce a reakce
vůči světu. Vnitřní dítě je temperamentní, čilá a energická
část vás samých.

Tento Vnitřní hlas se obvykle stará o aktuální potřeby
nebo činnosti *tady a teď*, zejména pokud by se díky nim
mohlo vaše Vnitřní dítě cítit příjemněji nebo radostněji.

Vnitřní dítě často kvůli svým fyzickým potřebám nebo tužbám křičí.

Tento hlas může být docela neodbytný a hlučný. ◆ Dožaduje se svého a vykřikuje věty, které kolikrát můžete vnímat, jak ve vás rezonují: „mám hlad", „jsem unavený", „nudím se", „chci jít na pláž", „nechce se mi do práce", „necítím se dobře", „chci…" apod.

Když vaše Vnitřní dítě něco chce,
dokáže být dost rozhodné, odhodlané
a aktivní. Takový Vnitřní rozhovor
je obdoba situace, kdy se malé dítě
neodbytně domáhá
matčina objetí
nebo cukrovinky
v obchodě.

**Rysy, které jste
měli** jako dítě v době
od narození do sedmi
let, jsou tytéž, které má
nyní vaše Vnitřní dítě.
Sny, které jste kdysi měli, a dobrodružství, jež jste si přáli
zažít, jsou ty, které má teď vaše Vnitřní dítě.

**Váš skutečný chronologický věk nehraje žádnou
roli**. Uvnitř vás stále žije to sladké, nevinné a milující
Vnitřní dítě, které nespokojeně křičí kvůli něčemu, co
chce. Vnitřní dítě, je-li o něj správně postaráno, vykazuje
dokonce i jako dospělá osoba mnoho typických znaků,
které obvykle spojujeme se šťastným a dobře adaptovaným
dítětem.

Vnitřní dítě je samostatný hlas uvnitř vaší mysli, stejně jako se vaše fyzické tělo odlišuje od těla fyzických rodičů.

Toto rozlišování obou hlasů je pro chápání seberodičovství **velmi důležité**. Kvůli niterné povaze Vnitřních hovorů Vnitřní rodič často zapomíná, že hlas Vnitřního dítěte je samostatný a oddělený úplně stejně jako by to bylo reálné dítě.

Půlhodinová sezení seberodičovství vás naučí, jak mezi těmito dvěma Vnitřními hlasy rozlišovat. Když s Vnitřními rozhovory začnete pracovat na vědomější úrovni, začnete autonomii svého Vnitřního dítěte rozpoznávat. Zpočátku je snadné zapomenout, že se jedná o dvě svébytné osobnosti, vaše porozumění se však bude s narůstající praxí zvětšovat.

Pozitivní
Vnitřní dítě

Jednou z nejsilnějších stránek vašeho Vnitřního dítěte je jeho NADŠENÍ! Neviděli jste snad malé dítě pobíhat sem a tam? Jak se vůbec nezastaví, na všechno leze, všechno sbírá a neustále mačká všechna tlačítka na telefonu, televizoru a kde se jen dá?

Děti jsou zvědavé a nadšené úplně ze všeho (s výjimkou toho, že by se měly zklidnit a zpomalit) a neustále vyhledávají, jak objevit a prozkoumat nová teritoria.

To je VELMI DŮLEŽITÁ vlastnost, protože je to právě toto nadšení či vzrušení, které dodává oběma Já energizující pocity pohody a štěstí, což jsou zásadní kvality nutné k tomu žít svůj život.

Vnitřní rodič může sám o sobě zažít mírné úrovně uspokojení, nicméně je to Vnitřní dítě, kdo skutečně kontroluje emocionální energii, nadšení či blaženost. Mnozí jsme tyto pocity zažívali jako děti a coby dospělí jsme se museli z praktických důvodů naučit tyto pocity popírat. Nebo jsme jednoduše vinou negativního seberodičovství zapomněli, jaké to je užívat si pozitivní pocity.

Vnitřní dítě miluje zábavu, a proto se také dožaduje podobných činností jako vnější dítě. Vnitřní dítě bude mít radost a pocit naplnění z nejjednodušších činností. Miluje hry a rádo si na něco hraje.

Vnitřní dítě se rádo učí a baví ho zkoušet nové dovednosti, např. vybarvování, kreslení nebo malování. Miluje objevování nových prostředí jako jsou třeba přírodní krásy. Rádo cestuje do cizích zemí.

Pozitivní Vnitřní dítě je dychtivé se učit a jediné, co potřebuje, je, aby ho někdo učil, věnoval se mu a ukazoval mu svět.

Další úžasná kvalita či rys Vnitřního dítěte je jeho přirozená ochota dělat druhému radost a projevovat mu náklonnost. Když vnější rodič projevuje vnějšímu dítěti náklonnost a přijetí, je dítě obvykle ochotné udělat cokoli, co rodič chce. Stejně tak má Vnitřní dítě hlubokou touhu uspokojit Vnitřního rodiče. V ideálním případě bude svolné udělat nebo se naučit cokoli, oč jej Vnitřní rodič požádá.

Vnitřní dítě má další důležité silné stránky či vlastnosti, které jsou pro Vnitřního rodiče při seberodičovství stejně cenné. Nicméně se **NEVZTAHUJÍ** k běžným aspektům vnějšího dětství. Je lepší na ně pohlížet jako na jedinečné a speciální rysy, které patří pouze Vnitřnímu dítěti.

Vnitřní dítě se stará o emoce a energii obou Vnitřních Já.

Hlas Vnitřního dítěte nejlépe prozrazuje vaše citové rozpoložení. Rozmanitost a rozsah emocí, od lásky a nenávisti po vzrušení a nudu, to vše je výsostné hájemství Vnitřního dítěte.

Vnitřní dítě je životně důležitý zdroj nadšení pro obě Já. Nicméně pro Vnitřního rodiče to není úplně snadné pochopit a přijmout, protože je zvyklý se domnívat, že může emoce Vnitřního dítěte ovládat prostřednictvím logiky nebo je regulovat silou vůle.

Je hodně důležité, aby Vnitřní rodič chápal, že pánem pocitů je Vnitřní dítě. Vnitřní rodič nemůže zažít emoci, kterou předtím nevygenerovalo Vnitřní dítě. Všechny jedinečné emoce, které se ve vás vynořují, ve skutečnosti pocházejí od vašeho Vnitřního dítěte. Vnitřní rodič může jednat na základě informací, které mu poskytují emoce, nicméně je to vaše Vnitřní dítě, které je původně cítí.

Vnitřní dítě je také hlas, který představuje zjednodušující logickou část nás samých, která je v nejtěsnějším kontaktu s fyzickým tělem, popisovanou jako „živočišné já" člověka. Toto Já přispívá k vaší osobnosti prostřednictvím zkušeností zažívaných pěti smysly a všechna syrová data přijatá pěti smysly nahrává do podvědomí. Vnitřní dítě si může pamatovat neuvěřitelné množství informací o vaší minulosti, protože tyto informace byly již kdysi dávno uloženy v jeho datových archívech.

Pokud jste během dospívání **zažívali vysokou míru** péče a podpory, vaše vlastní Vnitřní dítě si zachová mnoho ze svého původního nadšení pro život. I jako dospělý si budete dál užívat života s radostí a svěžestí, kterou lze spatřit jen v očích dítěte.

Negativní Vnitřní dítě

Vnější dítě, které bylo
zanedbávané, bité, fyzicky
či mentálně zneužívané nebo
zažívalo jiné formy negativního
emocionálního programování, má
do života špatný start.

Horlivá ochota Vnitřního dítěte
se zavděčit se vytrácí a je, ve zjevné
opozici vůči všemu, co si rodič
přeje, nahrazena vzdorem.

Když jste jako Vnitřní rodič k Vnitřnímu dítěti
nepříjemný, hrubý nebo nepříjemně náročný, Vnitřní dítě
začne vnášet do Vnitřních hovorů negativní vzdorovité
a vzpurné chování.

Vaše Vnitřní dítě se ani nebude
chtít učit a ani nebude chtít naslouchat
požadavkům a přáním Vnitřního rodiče.

Pokud Vnitřní rodič omezuje Vnitřní dítě,
u Vnitřního dítěte klesá míra dostupného nadšení a energie.
Popření spontánních pocitů a emocí Vnitřního dítěte
způsobuje, že se energie a nadšení, které obě Já potřebují,
začnou vytrácet.

Důsledkem jsou pocity nudy,
apatie nebo deprese. Přirozená
radost a vnitřní elán pozitivního
Vnitřního dítěte se promění
ve vzdor či truc nebo
jiné protikladné
emoce negativního
Vnitřního dítěte.

Vnitřní dítě má sklon ke zkratkovitým rozhodnutím a ke zjednodušujícím výkladům života založeným na jeho smyslových zkušenostech (např. jestli se cítí dobře nebo špatně).

Není tak zkušené jako Vnitřní rodič a podobně jako vnější dítě nemá vzdělání, trénink nebo schopnost argumentovat s porozuměním a moudrostí dospělého. Rozhodování Vnitřního dítěte je založené na pocitech a emocích, protože Vnitřní dítě postrádá zkušenosti a intelektuální zralost.

Kvůli tomu, že Vnitřní dítě je závislé výhradně na emocích, může ve svých myšlenkových archívech uchovávat iracionální myšlenky nebo programy. Ty mohou být důsledkem závažného traumatu, které emocionálně přetíží smyslové vnímání, jako jsou např. nehody, odloučení nebo úmrtí milované osoby. Se svými omezenými schopnostmi uvažování a dedukce není Vnitřní dítě schopné takto intenzívní trauma rozumově zpracovat. V důsledku toho Vnitřní dítě schraňuje emocionální náboj traumatu se zjednodušujícím vysvětlením v situaci, kdy by bylo potřeba dostat širší či obecnější rodičovské vysvětlení.

Další možný zdroj negativity Vnitřního dítěte pochází
z nastřádaného každodenního zanedbávání a zneužívání
v dysfunkčním rodinném prostředí. Denní dávky stresu
posilují obranné mechanismy z traumatizovaného dětství
a později v životě ovlivňují běžné pozitivní emoce
Vnitřního dítěte.

Naneštěstí toto iracionální programování během
Vnitřních hovorů nadále působí a ovlivňuje budoucí
uvažování a rozhodování Vnitřního dítěte. To zabraňuje,
aby přirozená energie náklonnosti a hravosti Vnitřního
dítěte plynule a s nadšením proudila. Současní
psychologové tato negativní emocionální traumata
ve vnějším dětství uznávají a dávají je do souvislostí
s různými zažívanými problémy v dospělosti.

Dokonce i když se zdá, že Vnitřní rodič je, pokud jde
o následky specifických událostí nebo důsledky rodičovské
výchovy, neutrální, ve Vnitřním dítěti traumatické následky
stále žijí. Tyto negativní zkušenosti musejí být během
Vnitřních rozhovorů zpracovány vědomým procesem
pozitivního seberodičovství, jedině to podle naší zkušenosti
umožní jejich úspěšné a úplné zacelení a zhojení.

Pokud negativní zkušenosti a zážitky zůstanou neošetřeny a dostanou prostor ovlivňovat Vnitřní hovory, může se negativní Vnitřní dítě proměnit z jinak normální osoby v impulzivního a rozhazovačného člověka nebo alkoholika. Může to vést k rozličným formám závislého nebo nutkavého chování jako je například přejídání, držení diet či k závislostem na chemických látkách.

Když se to stane, Vnitřní hovory budou ke škodě obou Já plně v područí negativního Vnitřního dítěte.

Jak člověk stárne, hlas Vnitřního dítěte má tendenci
k tomu stáhnout se do sebe a odpoutat se tak od přehlížení,
nepozornosti či zanedbávání. Není žádoucí, aby tento stav
byl trvalý. Takový člověk nebude s to plně zažít pocity
radosti a štěstí, které život nabízí.

Každý může znovu navázat kontakt s negativním
Vnitřním dítětem tím, že zahájí program seberodičovství
a bude jej praktikovat. Tato třicetiminutová sezení jsou
navržena tak, abyste se znovu seznámili se svým Vnitřním
dítětem, a především vám poskytují účinné metody vedoucí
k odstranění důvodů, proč se Vnitřní dítě stalo negativní.

Ideální úloha Vnitřního dítěte

Vnitřní dítě nemá žádnou ideální úlohu. Pouze potřebuje být samo sebou. Hlas Vnitřního dítěte mohl být potlačen, mohli se mu vysmívat nebo jej trestat, a tak se často psychicky stáhlo do bezpečí. Vnitřní rodič také mohl Vnitřní dítě umlčovat apelem na jeho „dospělost".

Poté, co bylo Vnitřní dítě vystavené opakovanému zneužívání, může být pro něj obtížné začít se znovu cítit v bezpečí natolik, aby opět začalo vyjadřovat a odhalovat své pocity.

Vzpomínáte si, jak jste jako dítě zažívali od svých rodičů negativní rodičovství? Nutili vás chodit brzy spát? Jíst jídlo, co vám nechutnalo? Nedovolili vám jít do kina s přáteli? Trestali vás za věci, které jste neudělali? Ignorovali vás, zanedbávali, opustili, fyzicky či mentálně zneužívali? Bránili vám ve vyjadřování či naplnění vašich důležitých potřeb?

Jak byste se cítili, kdybyste měli dnes zažívat tytéž výchovné metody jako tenkrát u svých vnějších rodičů?

Přesto mnozí z nás během svých Vnitřních hovorů používají týž styl seberodičovství.

Aby mohlo započít léčení, je potřeba, aby Vnitřní rodič negativní pocity Vnitřního dítěte uznal, přijal je a aby jim porozuměl. Negativní pocity Vnitřního dítěte jsou jednoduše výsledkem špatného podmiňování nebo programování.

Negativní emocionální reakce jsou symptomy nebo indikátory destruktivních seberodičovských vzorů, které se, jakmile budou napraveny, transformují směrem k větší spokojenosti a štěstí Vnitřního dítěte.

K nápravě problémů tohoto druhu se Vnitřní dítě musí zase začít cítit bezpečně. Odpovědnost za změnu negativního Vnitřního dítěte je přímo spojená s Vnitřním rodičem. Zasvětit třicet minut denně praxi seberodičovství dává Vnitřnímu rodiči čas, aby Vnitřní dítě miloval a pečoval o něj tak, že hlas Vnitřního dítěte bude znovu slyšet bez negativního posuzování a kritiky.

Klíčem k pozitivnímu seberodičovství ve Vnitřních rozhovorech je to, abyste vy coby Vnitřní rodič převzali iniciativu a jako přijímač se naladili na hlas Vnitřního dítěte. Je to první krok k rozvinutí důvěrného zvědomění si Vnitřního dítěte a jeho úlohy ve Vnitřních rozhovorech.

Praktické kroky tohoto procesu popisujeme dále v knize, účinné techniky a metody jsou ve třetí části.

Vnitřní dítě má jen omezenou schopnost uvažovat, protože mu chybí znalosti a racionální myšlenkové pochody Vnitřního rodiče. Bez Vnitřního dítěte nemá Vnitřní rodič schopnosti emocionálně reagovat a zůstává citově nezpůsobilý.

Pokud nemáte tolik energie a nadšení do života, jako jste měli, když jste byli dítě, je čas tu malou osůbku uvnitř opět probudit.

Praktikujte cvičení, jak být sám sobě rodičem, popsané ve třetí části. Začněte si trvale užívat svůj každodenní život a vše, co vám může nabídnout. Z pečujícího Vnitřního rodiče a nadšeného Vnitřního dítěte se mohou stát mocní spojenci.

4 | NASLOUCHÁME SVÝM VNITŘNÍM ROZHOVORŮM

Už znáte dva účastníky Vnitřních rozhovorů
důvěrněji – Vnitřního rodiče a Vnitřní dítě.

V této kapitole si „poslechnete" některé hlubší
a mocnější příklady Vnitřních rozhovorů, v nichž Vnitřní
rodič a Vnitřní dítě na vícero příkladech ukazují svoji
jedinečnost a svébytnost.

Začít naslouchat hlubším úrovním vnitřního dialogu
Vnitřního dítěte a Vnitřního rodiče, který se ve vás
odehrává, je k nezaplacení.

Prozkoumávejte
hlubší úrovně svých
Vnitřních rozhovorů,
abyste sami sobě lépe
rozuměli.

Seberodičovská cvičení ve třetí části vám pomohou rozkrýt hlubší pocity a zásadnější postoje Vnitřního rodiče. Zpočátku jejich přínos spočívá ve větším sebepoznání, což je předpoklad úspěchu a štěstí v životě. Ještě větší hodnotu má to, že jak si postupně více a více zvědomujete své Vnitřní rozhovory, zjišťujete, že Vnitřní rozhovory jsou nepostradatelný nástroj pro řešení Vnitřních konfliktů, které vás zraňují a které omezují vaše potěšení ze života.

Chcete-li v životě mít pocit bezpečí a jistoty, klid mysli a osobní štěstí, pak pozitivní seberodičovství ve Vnitřních rozhovorech vám k tomu poskytne dobrý základ.

Jakmile si své Vnitřní rozhovory a jejich účastníky zvědomíte, začnete si všímat, že obě Vnitřní Já spolu konverzují daleko častěji. Mnoho Vnitřních rozhovorů během dne je jednoduchých a běžných: rozhodování o tom, co si vzít na sebe, co si dát k snídani, jestli zkontrolovat e-maily před tím, než se dáte do práce apod.

Běžné Vnitřní rozhovory jsou sotva zřetelné, nicméně jakmile jim coby Vnitřní rodič začnete věnovat pozornost, uslyšíte je víc.

Vnitřní rodič
a Vnitřní dítě se také
vzájemně dohadují,
což známe jako Vnitřní
konflikty.

Tato dvě Já díky **svým rozdílným vlastnostem
a tužbám** často očckávají různý výsledek. Mohou se spolu
snadno dostat do křížku nebo spolu mohou nesouhlasit. Je
nanejvýš důležité si Vnitřní konflikty uvědomovat a uznat
jejich existenci, kdykoli se ve vaší mysli objeví.

Obě Vnitřní Já, každé s vlastními jedinečnými
potřebami, tvoří dohromady tu osobu, o níž se domníváte,
žc jstc to vy. K tomu, abyste mohli zahájit autentické
seberodičovství, musíte se s těmito dvěma samostatnými
a jedinečnými Já seznámit a pochopit, jak na sebe vzájemně
během Vnitřních rozhovorů reagují.

Jeden snadný způsob, jak se na Vnitřní rozhovory naladit, je začít si uvědomovat, jak často se v reakci na okolnosti ve vnějším světě vynořují. Vnitřní rozhovory si často připustíte a přiznáte, když mluvíte s druhými lidmi, byť si nemusíte být vědomi jejich spletitosti a složitosti.

Ještě předtím, než jste se o Vnitřních rozhovorech dozvěděli, jste například mohli zažít následující konflikt mezi dvěma Já. Vždyť kolikrát jste slyšeli sebe nebo někoho jiného říkat:

„Jedna moje Část chce ______________

a jiná moje Část chce ______________"

Což v překladu znamená:

„Můj Vnitřní rodič chce ______________

a moje Vnitřní dítě chce

______________"

A co třeba rčení: **„duch by chtěl, tělo nemůže"?**

Ve skutečnosti tato věta znamená:

„Můj Vnitřní rodič si myslí, že to je báječný nápad,

ale moje Vnitřní dítě mi nedodává energii."

Mnoho běžných úsloví naznačuje existenci dvou odlišných souborů tužeb a potřeb uvnitř mysli.

V milostné oblasti slýcháme

„Mám tě rád/a,

ale nemiluju tě.“

Váš Vnitřní rozhovor ve skutečnosti vypadá následovně:

„Můj Vnitřní rodič si myslí,
že jsi fajn člověk, ale

nijak zvlášť,
vlastně vůbec,
nepřitahuješ
moje Vnitřní dítě.“

Mnoho dalších příkladů Vnitřních rozhovorů můžeme nalézt v médiích. V časopisech bývají komiksové koutky, kde jsou obě Vnitřní Já názorně zobrazena.

Spousta písní na špičce hitparád věrně zachycuje silné a emočně nabité Vnitřní rozhovory převedené do hudby. V klasických filmech a divadelních hrách často vystupují postavy, které zosobňují hlasy našeho Vnitřního rodiče a Vnitřního dítěte ve vnějších situacích.

Woody Allen je autorem mnoha filmů, které jsou plné dialogů reprezentujících naše Vnitřní rozhovory. Jakmile pokročíte v praxi seberodičovství, uvidíte a uslyšíte příklady Vnitřních rozhovorů všude kolem sebe.

Je poměrně snadné
rozlišovat mezi
Vnitřním rodičem
a Vnitřním dítětem.

Všimněte si, kolikrát se během
svých denních činností rozhodujete
jen na základě Vnitřních rozhovorů.

Vnitřní rodič poskytuje racionální odůvodnění
a argumenty, které znějí úplně stejně jako kdyby je říkali
vaši rodiče. Když je Vnitřní rodič smutný, začne se chovat
k Vnitřnímu dítěti stejně, jako se k vám chovali v dětství
vaši rodiče: začne nakazovat, varovat, poučovat, analyzovat
či obviňovat.

Vaše Vnitřní dítě je hlas, který říká „já chci." Je to ten hlas ve vaší mysli, který jedná spontánně a reaguje emocionálně. Vnitřní dítě „chce to, co chce, když to chce". Zničehonic může chtít čokoládovou tyčinku, myslet na televizní show nebo zrovna, když má Vnitřní rodič opravdu hodně naspěch, se chce zastavit a obdivovat šaty ve výloze.

Dokud nejsou potřeby Vnitřního dítěte uspokojeny, tak se Vnitřní dítě neustále domáhá vaší pozornosti nebo si stěžuje, že má hlad, žízeň, je mu zima anebo jiným způsobem kopíruje to, co jste v dětství zažili jako vnější dítě svých rodičů.

Existují formální
a neformální způsoby,
jak začít Vnitřním
rozhovorům naslouchat.

Nejjednodušší metoda je vzít si papír a tužku a prostě je zapsat. Dejte si čas, uvolněte se a na levou stranu papíru napište, co říká jedna část vaší mysli, a vpravo zapište to, co říká druhá část.

Rozhovor, který slyšíte ve své mysli, zapište přesně tak, jak ho slyšíte. Vzhledem k tomu, že Vnitřní rozhovory probíhají pořád, je snadné zaznamenat, co říkají. Na začátku si nedělejte starosti, co který hlas říká, jen to zapište.

Potom, co popíšete stránku nebo dvě, se vraťte ke svým poznámkám a určete, který hlas je který. Vnitřní rodič a Vnitřní dítě se budou docela zřetelně odlišovat. Nahlédnete důvěrně známé vzorce obou osobností, jak si každá prosazuje tu svou.

Až svého Vnitřního rodiče a Vnitřní dítě lépe poznáte, můžete začít zkoušet své Vnitřní rozhovory zapisovat do Šablony Vnitřního rozhovoru (ŠVR). Je to obyčejný list papíru se záhlavím a s dělící linkou uprostřed.

ŠABLONA VNITŘNÍHO ROZHOVORU (ŠVR)

Datum	Téma
Vnitřní rodič	**Vnitřní dítě**

Vnitřní rodič	Vnitřní dítě
Potřeby Vnitřního rodiče	**Potřeby Vnitřního dítěte**

Zjistíte, že šablona je velmi efektivní způsob, jak od sebe oba hlasy rozlišit. Když získáte větší jistotu v tom, který hlas je který, začněte zapisovat typicky „rodičovské" komentáře do levého sloupce šablony.

Komentáře, které znějí typicky „dětsky", zapisujte vpravo, do sloupce nadepsaného Vnitřní dítě. Jakmile získáte praxi, bude snazší mentálně sledovat obě strany i v průběhu každodenních činností v běžném životě.

Následující Vnitřní rozhovor zaznamenala studentka seberodičovství během několika minut čekání na autobus.

Vnitřní rodič	Vnitřní dítě
●	Koukni na toho pána na vozíku.
Ty jo. To ji bolí.	
	Podívej, jak má tenké nohy.
Buď ráda, že ty takový problém nemáš.	
	To urda jsem. Ty mi věř.
● musíme se dostat do města nebo půjdeme pozdě na jednání.	
	Stejně půjdeme pozdě. A naproti ten člověk nikdy nechodí včas.
Já vím, ale stejně ji bolí přijít na schůzku pozdě.	
	Jakkoliv tam budeme včas. A tady to bude větší nátlak.
ne, to ji moc drahý!	
	Koukej na to!

Kolik tisíců podobných Vnitřních rozhovorů jste už slyšeli?

I když daný rozhovor nepatří k těm nejzásadnějším, je to typická ukázka mnoha Vnitřních rozhovorů, které proběhnou během dne v několika málo vteřinách.

Jak se budete do seberodičovství více zapojovat, uslyšíte mnohem prozaičtější hovory. Jiné Vnitřní rozhovory mohou být mnohem akčnější a intenzívnější jako například ten v následující ukázce.

Tento Vnitřní rozhovor ilustruje Vnitřní konflikt ve vaší mysli. Dosavadní příklady byly snadné a lehké.

TENTO O NĚCO DYNAMIČTĚJŠÍ VNITŘNÍ ROZHOVOR ZAZNAMENALA STUDENTKA, JEJÍŽ VNITŘNÍ DÍTĚ CHTĚLO JET LYŽOVAT, A VNITŘNÍ RODIČ VĚDĚL, ŽE BY SE MĚLA UČIT NA ZKOUŠKU.

Ženin Vnitřní rozhovor někdy během dne…

Jestli u písemky rupneš, draze za to zaplatíš.
Jak jako?
Propadne ti celý předmět, a ty ho potřebuješ, jestli chceš tu školu dodělat.
Budu se učit celou noc, až se vrátíme z lyžovačky.
Výborně. To je skvělé.
Budu se učit, až se v neděli vrátíme.

To určitě.
Jistě.
Stejně to nebude
zas tak těžké.
Když se nebudeš učit, propadneš.
Poslední tři týdny ses vůbec
neučila a ani jsi nechodila na
přednášky. Tak to je.
atd.
atd.

Když začínáte naslouchat svým Vnitřním rozhovorům, je velmi důležité, abyste slyšeli a přijali obě strany Vnitřních rozhovorů, a to i tehdy, když některý Vnitřní hlas vyjadřuje negativní názory nebo slabosti.

Když se coby Vnitřní rodič pokusíte negativní hlas Vnitřního dítěte potlačit nebo ho budete ignorovat, nebude se vám seberodičovství dařit. Pokud Vnitřní rodič nenaslouchá svému Vnitřnímu dítěti, bude mít Vnitřní rodič stejné problémy jako má vnější rodič, který svému dítěti opravdově nenaslouchá.

NÁSLEDUJÍCÍ
VNITŘNÍ
ROZHOVOR
ZAZNAMENAL
STUDENT
SEBERODIČOVSTVÍ
BĚHEM VEČÍRKU
PRO NEZADANÉ.

Vnitřní rozhovor nezadaného muže...

No tak ji požádám o tanec.
V žádném případě! Teď ne!
Když ji požádám o tanec, řekne ne a já si budu připadat fakt trapně.
NE!
Proč ne? Zdá se, že by chtěla, a vypadá přátelsky.
Neřekne ne. Co máš za problém?

Žádný nemám... Jen se mi právě teď nechce moc tancovat.
Tak půjdu a koupím jí něco k pití. Aspoň se spolu dáme do řeči a získám... její telefonní číslo.
Stejně už má nějakého přítele.
Nemůžu tomu uvěřit, ty jsi takový zbabělec!
Jdeme domů, když se chováš jako hlupák. Máme lepší věci na práci než se tady jen tak poflakovat.
atd.
atd.

Další Vnitřní rozhovor poskytl novinář, který pracoval přesčas, aby stihl termín. Jeho Vnitřní rodič věděl, že potřebuje peníze na živobytí, ale současně Vnitřní dítě jeho práci nesnášelo.

Vnitřní rodič	Vnitřní Dítě
●	Nudím se. A NENÁVIDÍM TUHLE PRÁCI !
Já vím, já vím. Věř mi, ještě musím něco dodělat.	
	Je mi to jedno.
Přestane ti to být jedno, až nebudeme mít peníze na jídlo anebo na nájem.	
	Tak to dodoláme potom.
● Nemůžu. Mám termín. Musím to stihnout do termínu.	
	Nikdo to nebude číst.
Editor bude. Minulý týden měl k naší práci docela výhrady. Docela dost, ještě si vzpomínáš.	
	Jo, jo. A mimo chodem, je to blbec. Co ten ví o životě? Je to
●	notorický workoholik!
Jo. (pravda)	

	Myslím, že bychom s tím měli seknout. Je to úmorný. Život je hovno, práce na nic.
Prima. A kdo jako zaplatí nájem? Tetička z Ameriky nebo kdo?	
	Vždyť máme úspory.
Aha. No tak z těch našich úspor vyžijeme tak maximálně třicet dní. Možná jednatřicet.	
	Jsi idiot, když zůstáváš v tý práci.
No tak ti děkuju. Pěkně ti děkuju.	

Mnoho Vnitřních rozhovorů není uspokojivě uzavřeno kvůli negativnímu seberodičovství, kdy nepečujete o své Vnitřní dítě. Čím méně Vnitřní rodič o Vnitřní dítě během dne pečuje, tím je těžší zažívat v životě pocit osobního štěstí.

Následující Vnitřní rozhovor zapsal student během jedné tiché noci.

Ukazuje, jak málo si může Vnitřní rodič uvědomovat Vnitřní dítě a jak snadno může být při seberodičovství nepozorný a nepečující. Naneštěstí to, že Vnitřní rodič ignoruje a zanedbává Vnitřní dítě, je pro mnohé lidi zcela běžné a normální.

Vnitřní rodič	Vnitřní dítě
	Je mi smutno.
Proč?	
	Nevím. Prostě je.
Nebuď směšný! Není nejmenší důvod, abys byl smutný.	
	Chce se mi brečet.
Nemůžu uvěřit, že jsi tak hloupý.	
	(ticho)
Chováš se hloupě, z čeho jsi smutný?	
	Z ničeho, na tom nezáleží...

Pamatujte si, že ve
Vnitřních rozhovorech
vyjadřuje hlas
Vnitřního dítěte pocity.

Když jste smutní, zranění, zlobíte se, jste rozrušení nebo podráždění, jsou to ve skutečnosti pocity Vnitřního dítěte. Když Vnitřní rodič nebere na pocity Vnitřního dítěte ohled, po nějaké době Vnitřní dítě vůči svým pocitům otupí.

A když se to stane, nebo to tak už je, tak Vnitřní dítě na otázku, jak se cítí, nevýrazným hlasem zamumlá něco jako „fajn." Vnitřní dítě nemá k dispozici žádnou jinou emocionální reakci, při které by se mohlo cítit bezpečně.

Pokud tento problém začne být chronický, negativní seberodičovství generované z Vnitřních rozhovorů dá vzniknout depresivní nebo potlačené osobnosti.

Mnohdy Vnitřní rodič
přistupuje k pocitům
Vnitřního dítěte způsobem „Já
jsem ti to říkal.“

Podívejte se, jak probíhal Vnitřní rozhovor sedmnáctileté studentky, která doufala, že se jí ozve její nový objekt zájmu.

Vnitřní Rodič	Vnitřní Dítě
	Proč Petr nezavolal?
Já ti říkala, že nezavolá.	
	Ale říkal, že se mu líbím.
A tys mu to věřila?	
	Trochu.
Vždyť víš, že jsou všichni stejní. Proč pořád chováš ty falešný naděje?	
	On je jiný.
Dobrý vtip!	
	Cítím se osaměle.
Měla bys mu zavolat a zjistit, co dělá.	
	Ne, ne. To je dobrý.
No tak co chceš dělat?	
	Nevím.
Zapomeň na něj. Je stejný jako všichni.	
	Já ho miluju!
Probůh! Vždyť ne!	

V této ukázce seberodičovství je jasné, že dívčin Vnitřní rodič nepodporuje Vnitřní dítě, protože mu nedovoluje projevit jeho pocity. Bez podpory Vnitřního rodiče se Vnitřní dítě mnohdy bojí víc projevit.

Všimněte si, že předchozí Vnitřní rozhovory jsou typické ukázky toho, co můžete v podobných situacích zažívat i vy. Vnitřní rozhovory mohou, ale nemusí, být typické, jedno je však jisté: jsou to vaše vlastní výtvory a vznikají hluboko uvnitř vaší mysli.

Tím, jak si během dne najdete čas zaposlouchat se do Vnitřních rozhovorů, začnete se na ně **postupně více a více naladˇovat.** Když začnete se svým Vnitřním dítětem praktikovat soukromá sezení popisovaná ve třetí části budete se v naslouchání a porozumění obsahu Vnitřních rozhovorů rychle zlepšovat.

Narůstající uvědomění ve Vnitřních rozhovorech vám pomůže postoupit v seberodičovství na druhou úroveň. Budete mít dostatek zkušeností k tomu, abyste se naučili zvládat Vnitřní rozhovory i ve chvílích, kdy se vynoří obávaný **VNITŘNÍ KONFLIKT.**

ČÁST II

VNITŘNÍ KONFLIKTY

5 | VNITŘNÍ KONFLIKTY: PROBLÉMY S VAŠIMI VNITŘNÍMI ROZHOVORY

Většina z nás má v životě přinejmenším pár problémů.

Vnější problémy jako platba nájmu, účty po splatnosti, hledání vhodné práce nebo ukončení vztahu vás mohou dočasně hodit zpátky. Dokonce i když jsou tyto vnější problémy traumatizující a mohou vám způsobovat stres, umíte rozpoznat, co je špatně, a jste schopní mobilizovat svoji energii, abyste takové situace zvládli.

Na druhou stranu Vnitřní konflikty mohou být devastující. Tím, že se odehrávají „uvnitř" vaší mysli, matou vaši schopnost jasně myslet. Vnitřní konflikty vytvářejí nerozhodnost a způsobují fyzickou a mentální paralýzu, která narušuje schopnost fungovat jako lidská bytost. Pokud nejsou Vnitřní konflikty rozpoznány a správně zpracovány, mohou přetrvávat celý život.

Vnitřní konflikty nelze vyřešit změnou vnějších událostí nebo okolností. Víc peněz nevyřeší vnitřní konflikt ohledně nedostatku peněz (např. pro pocit větší sebejistoty nebo k uspokojení potřeb druhých). Ačkoli více hotovosti může vyřešit vnější konflikt, tak milion v bance nevyřeší Vnitřní konflikt. Jenom jedna strana vašeho Vnitřního rozhovoru teď bude chtít miliony dva.

Snaha vyřešit jakýkoli druh Vnitřního konfliktu pomocí vnějšího řešení přinese tytéž neúspěšné výsledky.

Nejhorší na Vnitřních konfliktech je to, že se vlastně jedná o sebepoškozování. Ve Vnitřních rozhovorech si totiž ubližujete jen vy sami. Dokud nezačnete vědomě pracovat na tom, abyste se z toho dostali, zůstanete bez ohledu na pomoc a nejlepší úmysly vaší rodiny, přátel nebo dokonce profesionální intervence, zapleteni do Vnitřního konfliktu.

Dobrá zpráva je, že návod v této knize a praktikování seberodičovských cvičení z její třetí části vám pomůže Vnitřní konflikty vyřešit.

Vnitřní konflikty vznikají jako důsledek střetu rozdílných potřeb Vnitřního rodiče a Vnitřního dítěte.

Jsou-li protichůdné potřeby obou Já dostatečně silné, může Vnitřní konflikt představovat ústřední problém vašeho života. Jakýkoli přetrvávající či opakující se negativní Vnitřní rozhovor je projev takového konfliktu. Vnitřní konflikt vždy doprovází fyzická, emocionální, mentální nebo sociální paralýza.

Tím, že jsou Vnitřní rodič a Vnitřní dítě každý jiný, mají mnohokrát protichůdné potřeby. Vnitřní dítě chce čokoládovou zmrzlinu, protože je dobrá, zatímco Vnitřní rodič trvá na tom, že ze zdravotních důvodů se bude mlsat vanilkový jogurt.

Nebo Vnitřní dítě chce jít spát, protože je unavené, zatímco Vnitřní rodič potřebuje jít do práce, aby nedostal výpověď.

Vnitřní dítě si chce koupit nové šaty, aby mu to slušelo, ale Vnitřní rodič chce peníze použít na nové pneumatiky. Vnitřní rodič chce chodit do školy v rušném velkoměstě, zatímco Vnitřní dítě chce bydlet blízko pláže.

S narůstající složitostí moderního života se objevují nové typy Vnitřních konfliktů. Například Vnitřní rodič – žena se chce vdát, protože ji tikají biologické hodiny, ale Vnitřnímu dítěti se nelíbí, že by ke sňatku vedly pouze logické důvody.

Nebo Vnitřní rodič chce dál rozvíjet kariéru tím, že přijme povýšení, ale to by narušilo touhu Vnitřního dítěte založit rodinu. Anebo naopak: Vnitřní rodič chce mít rodinu, ale Vnitřní dítě chce pokračovat v kariéře.

Vaše situace bude záviset na jedinečných stylech a otázkách, které mají účastníci *vašeho* seberodičovství.

Ve Vnitřním konfliktu žádná strana nemá jasnou výhodu – oba hlasy jsou v patové situaci.

Jestli jste emocionálně nebo mentálně znehybnění, zoufalí nebo se nemůžete rozhodnout, nebo si prostě jen nejste jistí a nemůžete si v dané situaci vybrat jasnou cestu, zažíváte obávaný Vnitřní konflikt.

Vnitřní konflikty obvykle zahrnují situaci, v níž jsou obě Vnitřní Já vystrašená nebo se musejí rozhodnout, a přitom jsou ochromená, protože nevědí, co mají udělat jako další krok. To často ústí v pocity viny nebo povinnosti. Výsledkem je, že váš Vnitřní rodič a vaše Vnitřní dítě zažívají rozporuplnou směs pocitů, která oběma visí na krku jako kámen. Ať už je to z jakéhokoli důvodu, jedno Já brání tomu druhému, aby si uvědomilo a uspokojilo své potřeby.

Obě Já se v problému vzájemně mentálně dusí. Ani jedno Já nemůže nad tím druhým vyhrát, takže nakonec prohrávají oba.

Vnitřní konflikty se musejí vyřešit. Nelze je obejít. Obě strany jsou spolu ve vztahu. Obě Já mají své potřeby, které musejí být uspokojeny! Dokud nejsou obě Já spokojena, ani Vnitřní rodič, ani Vnitřní dítě nemohou efektivně fungovat.

Pokud potřeby jednoho z Vnitřních Já převáží nad potřebami druhého, vyvolá to u druhého Vnitřního Já reakci a to vede ke škodlivému a sebepoškozujícímu seberodičovství.

Potřeby jsou základ života, tak jednoduchá a současně přehlížená ta zpráva je.

Pokud máte nějakou potřebu, budete nespokojení tak dlouho, dokud ji neuspokojíte.

Pokud není uspokojena vaše primární potřeba, tak zůstanete nešťastní, i kdyby všechny vaše ostatní potřeby byly uspokojivě naplněny. Na jemnější úrovni to znamená, že pokud mají Vnitřní rodič nebo Vnitřní dítě nějakou důležitou potřebu, je potřeba ji uspokojit. Bez uspokojení primární potřeby nebude příslušné Já z vašich Vnitřních rozhovorů spokojeno, ať se stane cokoli.

Během Vnitřních konfliktů je třeba uplatňovat výjimečnou všímavost a speciální postupy. Předkládané techniky seberodičovství obsahují způsoby řešení problémů, které psychologové vyvinuli pro řešení vnějších konfliktů. Jako Vnitřní rodič se naučíte tyto metody zaměřovat směrem dovnitř, aby se vám podařilo vyřešit konflikt mezi vašimi Vnitřními Já.

Ze všeho nejdříve, jakmile si uvědomíte, že jste zapleteni do nějakého emocionálního nebo mentálního konfliktu, váš Vnitřní rodič

MUSÍ
ZAPSAT
VNITŘNÍ
ROZHOVOR
DO ŠABLONY!

To znamená, že váš Vnitřní rodič si vezme nějaký papír a tužku a začne zapisovat Vnitřní konflikt. Hodí se mít pro takové případy nějaký papír vždy při ruce.

Pokud procházíte větším Vnitřním konfliktem, musíte se:

ZASTAVIT,
NASLOUCHAT,
ZAPSAT SVŮJ VNITŘNÍ ROZHOVOR!

To zajistí, že budete mít písemný záznam, s jehož pomocí mohou vaše Vnitřní Já odhalit a zpracovat své protichůdné potřeby. Začněte psát na jednu stranu a reakce zapište na druhou.

Vnitřní konflikt má čtyři možná řešení.
Pravděpodobně jste slyšeli o čtyřech variantách řešení vnějších problémů. Semináře seberodičovství přinesly speciální proces, který tyto možnosti využívá pro řešení při střetu zájmů a potřeb Vnitřního rodiče a Vnitřního dítěte.

Čtyři možnosti jsou:

1. Prohra/Prohra

V případě výsledku Prohra/Prohra nejsou uspokojeny ničí potřeby – ani Vnitřního rodiče, ani Vnitřního dítěte. Ani jedna strana není spokojená s řešením Vnitřního konfliktu.

2. Výhra/Prohra

V této situaci Vnitřní rodič vyhrává a Vnitřní dítě prohrává. Vnitřní rodič využívá své moci k tomu, aby byly jeho potřeby s jistotou uspokojeny, byť i na úkor Vnitřního dítěte.

3. Prohra/Výhra

Toto řešení znamená, že Vnitřní rodič prohrál a Vnitřní dítě vyhrálo. Potřeby Vnitřního rodiče nejsou uspokojeny, ale Vnitřní dítě dostalo přesně to, co chtělo.

4. Výhra/Výhra

V tomto případě jsou potřeby obou vašich Já – Vnitřního rodiče a Vnitřního dítěte uspokojeny. Ať už bylo příčinou krize cokoli, podařilo se to vyřešit ke spokojenosti obou Já.

Ideální seberodičovské řešení pro všechny Vnitřní konflikty je výsledek Výhra/Výhra. Silná osobnost, která důvěrně rozumí svým Vnitřním rozhovorům, dokáže Vnitřní konflikty zpracovat a vyřešit s výsledkem Výhra/Výhra.

6 | ŘEŠENÍ VNITŘNÍCH KONFLIKTŮ: PŘÍBĚH JEDNOHO MUŽE

Tato kapitola je náhled do kroniky zkušeností pokročilého studenta seberodičovství, který se s Vnitřním konfliktem střetl v „reálném životě".

U realitního makléře se rozvinul velký Vnitřní konflikt vyvěrající z potřeb Vnitřního rodiče, které zahrnovaly jeho práci, a požadavků Vnitřního dítěte mít nějaký volný čas.

Tady je popis situace.

Blížil se víkendový seminář o nemovitostech pořádaný ve městě. V populárním lyžařském letovisku nedávno intenzívně sněžilo. Vnitřní rodič této osoby plánoval budoucnost s předstihem a chystal se semináře účastnit: byl to jediný seminář v nejbližších šesti měsících. Jeho Vnitřní rodič věděl, že víkend bude inspirující a pomůže mu zlepšit jak pracovní výkon, tak zvýšit jeho příjmy.

Naproti tomu u Vnitřního dítěte se rozvinula silná touha jet lyžovat. V letošní sezóně ještě lyžovat nebylo a loni pouze jednou. Jeho Vnitřní dítě pochopilo, že kvůli ostatním jiným plánům na příští dva měsíce je nadcházející víkend poslední šance si zalyžovat.

Vnitřní dítě mělo
„po krk" práce od
pondělka do pátku
a dožadovalo se pro
změnu trochu zábavy.

Jednoduše si
nedokázalo vychutnat
představu práce dvanáct
dní v řadě, rozhodně se
mu líbila mnohem méně
než představa lyžování.
A účast na semináři byla
z pohledu Vnitřního
dítěte rozhodně práce.

Výsledkem byl následující Vnitřní
konflikt, jak dokládá zápis.

V žádném případě nechci jít o víkendu na seminář!!
Musíme jít na seminář. Pomůže nám to být v práci úspěšnější.
Mám práce po krk!!
Já taky! Ale je to jediná cesta, jak mít víc peněz. Seminář nám v tom pomůže.
Už jsi na tom semináři kdysi byl a vůbec ti to nepomohlo.
Hele, nech toho. Víš, že to není pravda.
Chci se taky trochu bavit a jet lyžovat. Napadlo skoro půl metru nového sněhu!

Seminář je jenom tenhle víkend. Musíme zábavu na chvilku odložit a užijeme si to později.
Nikdy si neužíváme zábavu později.
Zmlkni! Užíváme!
Ty zmlkni, ty blbče!

Tato reálná situace může mít čtyři možné výsledky, které reflektují čtyři možná řešení Vnitřního konfliktu. Podobně jste k obdobným situacím přistupovali v životě pravděpodobně i vy.

Prohra/Prohra

Bohužel možnost Prohra/ Prohra je právě to, co mnozí lidé nevědomky používají k řešení svých Vnitřních konfliktů.

Prohra/Prohra je spíš proces pasivního nicnedělání až na doraz, dokud tlak nevybuchne, než aktivní proces hledání řešení. Nejsou uspokojeny ani potřeby Vnitřního rodiče, ani Vnitřního dítěte.

Situace Prohra/Prohra obvykle zahrnuje sabotáž jednoho z Vnitřních Já, která ničí obě dvě. V citovaném Vnitřním konfliktu může takové seberodičovské rozhodnutí nastat velice snadno.

Vnitřní rodič realitního makléře se jednostranně rozhodne, že půjde na seminář. Bude naprosto ignorovat prosby, pocity a potřeby Vnitřního dítěte. Vnitřní rodič je rozhodnutý se semináře účastnit, jeho potřeby jsou ale uspokojeny na úkor Vnitřního dítěte.

Pamatujte si, že Vnitřní dítě kontroluje emocionální energii a tělesné procesy. Ve středu večer začne Vnitřní dítě vzdorovat, jeho stres a odpor se budou zvětšovat s jediným cílem: nejít na seminář. V pátek večer je z nedostatku energie realitní makléř tak přetížený a slabý, až onemocní a na seminář nemůže. Ve výsledku Vnitřní rodič svoji účast na semináři neochotně zruší.

V tomto seberodičovském řešení ztrácejí obě strany. Vnitřní rodič (stejně jako Vnitřní dítě) zmešká důležitý seminář, který je tak zásadní pro jeho budoucnost, a Vnitřní dítě (stejně jako Vnitřní rodič) nepojede lyžovat. Primární potřeby ani jednoho Já nebyly uspokojeny.

Výhra/Prohra

Seberodičovská Výhra/Prohra je vítězství Vnitřního rodiče, z hlediska potřeb Vnitřního dítěte je to však ztráta.

V této situaci makléřův Vnitřní rodič pokračuje ve svém odhodlání zúčastnit se semináře navzdory přáním a potřebám Vnitřního dítěte. Když Vnitřní dítě začne projevovat fyzické symptomy vzdoru a odporu, Vnitřní rodič jednoduše tyhle symptomy silou vůle překoná.

Aby se Vnitřnímu rodiči podařilo „vyhrát" nad svým Vnitřním dítětem, může si třeba přečíst knihu o nachlazení a nadopovat se tisíci miligramy vitamínu C. Může se dokonce i úplně postit jen proto, aby se zbavil všech toxinů, které jeho Vnitřní dítě vyprodukovalo.

Silný Vnitřní rodič může dokonce donutit obě Já k účasti na semináři bez ohledu na nemoc. Vnitřní rodič tak uplatní svou moc, aby ovládl situaci. Jen proto, aby bylo po jeho, potáhne Vnitřní rodič své vzpírající se Vnitřní dítě za sebou na seminář.

Prohra/Výhra

Seberodičovství s výsledkem Prohra/Výhra představuje pro potřeby Vnitřního rodiče ztrátu, pro potřeby Vnitřního dítěte je to výhra.

V dané situaci má Vnitřní dítě mnoho možností, jak své potřeby uspokojit. Vnitřní dítě se také může dost pevně držet svého konce „provazu". Po jednostranném rozhodnutí Vnitřního rodiče jít na seminář, může Vnitřní dítě začít projevovat svou nespokojenost: nejprve potichu a nenápadně, potom pořádně nahlas. Ve středu může Vnitřní dítě vyprodukovat tolik fyzických symptomů a problémů, že slabý Vnitřní rodič svoji účast na semináři zruší.

V pátek, jakmile uplyne lhůta pro přihlašování, nastane zázračné uzdravení, právě tak akorát, aby bylo možné být v sobotu ráno na svahu. A dokonce i když nakonec Vnitřní dítě nedosáhne toho, aby se jelo lyžovat, pořád bude mít prostor na nějakou zábavu nebo k jinému uspokojení svých sociálních potřeb. Může jít na rande nebo shlédnout film, na který by jinak nemělo čas a podobně.

Potřeby Vnitřního dítěte byly uspokojeny a ono je šťastné, nicméně potřeby Vnitřního rodiče zůstaly neuspokojeny.

Výhra/Výhra

Ideální seberodičovské řešení je Výhra/Výhra. Je to možnost, kdy jsou uspokojeny potřeby obou – Vnitřního rodiče a Vnitřního dítěte.

To nastává tehdy, když každý hlas Vnitřního rozhovoru dostane přesně to, co chce a co si přeje. Řešení Výhra/Výhra může být také kompromis, pokud se hlasy obou Vnitřních Já dohodnou na alternativním řešení.

Ačkoli je tato možnost nejuspokojivější, její dosažení vyžaduje zdatného a oddaného Vnitřního rodiče. Obě Já si musí vzájemně sdělovat své potřeby a souhlasit s tím, že ten druhý má právo na uspokojení svých potřeb.

Jak byl vyřešen tento Vnitřní konflikt?

Student seberodičovství rozeznal, že prochází Vnitřním konfliktem. Jeho Vnitřní rodič jednostranně rozhodl, že se půjde na seminář. Vnitřní dítě začalo projevovat známky odporu a on onemocněl. Díky tomu si všiml, že jeho dvě Já se v mysli přetahují sem a tam, a došlo mu, že je něco špatně.

Dal si čas a vytáhl Šablonu Vnitřního rozhovoru a

začal

zapisovat

svůj Vnitřní

rozhovor!

Vzhledem k tomu, že pravidelně praktikoval třicetiminutová sezení seberodičovství, byl vnímavý k potřebám a tužbám svého Vnitřního dítěte. Dokázal rozpoznat známky odporu a vzdoru, tak typické pro jeho Vnitřní dítě.

Dokázal vnímat a rozeznat signály, které mu Vnitřní dítě prostřednictvím tělesných příznaků posílalo, a zapsal je do šablony Vnitřních rozhovorů. Uvědomil si, že se jedná o Vnitřní konflikt, a dokázal určit, jaké potřeby Vnitřní rodič a Vnitřní dítě mají. Záznam Vnitřního rozhovoru jasně ukázal:

Za prvé: Vnitřnímu rodiči nevadilo nejít do práce, jenom nechtěl zmeškat seminář.

Za druhé: Vnitřní dítě bylo ochotné jít na seminář, jen nechtělo strávit všechen čas v práci a nemít žádnou zábavu. Navíc potřeba Vnitřního dítěte jet lyžovat byla tak silná, že nešla ignorovat.

Za třetí: Obě Vnitřní Já souhlasila, že se oba dva v zásadě mohou dohodnout tak, aby byly jejich potřeby uspokojeny.

Student seberodičovství poté obě svá Vnitřní Já provedl jednotlivými kroky podle postupu řešení problémů a ujistil se, že obě Já mohou své potřeby plně vyjádřit. Jakmile se prostřednictvím zápisků v Šabloně Vnitřního rozhovoru toto vědomí vynořilo, bylo možné dospět k následujícímu seberodičovskému řešení.

Výsledná podoba řešení Výhra/Výhra

Realitní makléř se rozhodl vzít si v práci dva dny volna a jet lyžovat ve čtvrtek a pátek. Obě Já pak radostně souhlasila s účastí na víkendovém semináři.

V **této situaci bylo každé Vnitřní Já** šťastné, až skoro štěstím bez sebe. Vnitřní rodič mohl jít na seminář, o kterém věděl, že je důležitý a že by ho neměl vynechat. Jel lyžovat, měl dva dny volna, taky byl docela rád, že nemusel pracovat dvanáct dní v řadě.

Vnitřní dítě naproti tomu jelo nejen lyžovat, ale jelo dokonce lyžovat o dva dny dříve, na svah s čerstvějším sněhem a bez víkendových návalů.

Vnitřní dítě ve středu **rozhodně** neonemocnělo. Ani náhodou! S tímto řešením Výhra/Výhra jsou vítězi obě Já. Žádná strana neprohrává, potřeby obou Já jsou plně uspokojeny. Klíčem k řešení Vnitřního konfliktu bylo pozitivní seberodičovství.

Ačkoli se toto
řešení zdá snadné, až
samozřejmé, stojí za to
si připomenout,

že váš Vnitřní konflikt se
odehrává za vašich vlastních
jedinečných okolností a že pro vás
nemusí být úplně snadné dosáhnout
řešení Výhra/Výhra.

Součástí problému s Vnitřním
konfliktem je to, že osoba, které
se týká, je vůči němu slepá, téměř
neschopná ho vidět a rozpoznat.

Mnoho začínajících a středně pokročilých studentů
seberodičovství plně chápe mentální dynamiku Vnitřního
konfliktu, avšak když sami nějaký mají, jsou tak zahlceni
a v duševním napětí, že nejsou s to příznaky Vnitřního
konfliktu rozpoznat.

Výše popsané řešení ukazuje, čeho můžete při řešení
Vnitřních konfliktů dosáhnout i vy: získat vyspělé
uvědomění, porozumění a dovednosti.

7 | OSM KROKŮ K VYŘEŠENÍ VNITŘNÍHO KONFLIKTU

Klíčem k řešení Vnitřních konfliktů je pozitivní seberodičovství pro obě Vnitřní Já.

Vnitřní rodič musí přijmout odpovědnost za řešení Vnitřních konfliktů, které se objeví. Vnitřní dítě to udělat nemůže, protože neví jak. Lidé ve vnějším světě také ne, protože nemohou slyšet Vnitřní rozhovory uvnitř vaší mysli. A navíc vás neznají tak dobře jako vy.

Váš Vnitřní rodič
má nejsilnější motivaci
k tomu, aby:

Za prvé: rozpoznal
Vnitřní konflikt.

Za druhé: použil
k úspěšnému vyřešení
konfliktu metody
seberodičovství založené
na principu Výhra/Výhra.

Nic netušící nebo netrénovaný
Vnitřní rodič k řešení typického
Vnitřního konfliktu nevědomky
používá metodu Výhra/Prohra. To
může dočasně uspokojit krátkodobé
potřeby Vnitřního rodiče, ale
z hlcdiska dlouhodobých potřeb
Vnitřního dítěte to samozřejmě není
zdravé.

Čas od času rebelující Vnitřní dítě nebo Vnitřní dítě
se silnou vůlí vytvoří pro záchranu své sebeúcty situaci
Prohra/Prohra nebo Prohra/Výhra. Nicméně tyto tři
seberodičovskć možnosti jsou pro uspokojivé fungování
obou Já nedostačující. Pokud kterékoli Já učiní během
Vnitřních rozhovorů konfliktní či sporné rozhodnutí samo
za sebe, přivolává tím nezdar.

Při seberodičovském zvládání
Vnitřních konfliktů hraje Vnitřní
rodič hlavní roli.

Úlohou Vnitřního rodiče je činit rozhodnutí,
posuzovat a vybírat možnosti a jinak vyhodnocovat
důležité aspekty vašeho života. Nicméně aby bylo
dosaženo nejlepších výsledků, je potřeba, aby Vnitřní dítě
spolupracovalo a dodávalo své podněty a energii. Pokud
se Vnitřní rodič bude snažit o seberodičovství, aniž by
pozitivně spolupracoval s Vnitřním dítětem, neuspěje.

Vy coby Vnitřní rodič musíte převzít roli milujícího,
podporujícího seberodiče pečujícího o své Vnitřní
dítě. Tím, že to uděláte, učiníte svůj život plným
a uspokojujícím, možná poprvé od dob, kdy jste byli malé
dítě, a takový už zůstane po zbytek vašeho života.

Kdykoli budete mít závažný Vnitřní konflikt, bude
potřeba k prosazení a uspokojení potřeb obou Já učinit
v příslušném pořadí níže popsané seberodičovské kroky.

Psychologové a vyjednavači znají obdobné metody
řešení konfliktů ve vnějších vztazích už dlouho. Zde jsou
tyto metody přizpůsobené na řešení Vnitřních konfliktů
prostřednictvím pozitivního seberodičovství během
Vnitřních rozhovorů.

Krok jedna:
Vnitřní rodič rozpozná, že se jedná o Vnitřní konflikt.

Když nečinnost paralyzuje vaše tělo, emoce a myšlenky nebo jsou Vnitřní rozhovory pořád zlostné, **Vnitřní rodič rozezná**, že jste chyceni v pasti Vnitřního konfliktu.

Mysl může být do Vnitřního konfliktu zapojená hodiny, dny, týdny. Dokud si Vnitřní rodič tuto skutečnost neuvědomí a nepřijme kroky k její nápravě, budou Vnitřní rodič a Vnitřní dítě spolu stále mentálně bojovat.

Krok dva:
Vnitřní rodič se rozhodne řešit Vnitřní konflikt pozitivním seberodičovstvím a zapíše Vnitřní rozhovor.

Váš Vnitřní konflikt představuje střet potřeb Vnitřních Já, avšak někdy je složité určit, kdo má jaké potřeby, zejména pokud se Vnitřní rozhovor nezaznamená nestranným, objektivním způsobem.

To je přesně ten důvod, proč byla vytvořena *Šablona Vnitřního rozhovoru (ŠVR)*. Zapsání Vnitřního konfliktu vlastní rukou na papír umožní oddělit obě Já a ujasnit si jejich požadavky.

Díky kroku dva je snazší objektivně určit, co je na pozadí jednotlivých argumentů obou Já. Krok dva vám pomůže určit, jakým způsobem blokujete svoji tvořivost nebo produktivitu. Dopřejte si dost prostoru na to, abyste svůj Vnitřní rozhovor pečlivě a úplně zapsali.

Krok tři:
Sepište konkrétní potřeby obou Vnitřních Já.

Jakmile jsou potřeby (a připomínky) každého Já sepsány, můžete na zadní stranu Šablony vnitřního rozhovoru zapsat, jaké jsou konkrétní potřeby každého Já.

Obě strany potřebují, aby jejich potřeby byly uspokojeny. Tento krok je v seberodičovství zásadní, bez něj se vaše Vnitřní rozhovory nemohou vrátit do svého běžného, šťastného a produktivního stavu. Vnitřní rodič mnohdy nebude chtít přistoupit na požadavky Vnitřního dítěte, protože mu připadají neskutečné a absurdní. Na pozadí těchto požadavků se skrývají skutečné potřeby, a jakmile tyto pravé potřeby Vnitřního dítěte odhalíte, budete je chtít zcela přirozeně a samozřejmě uspokojit.

Primární potřeby vašeho Vnitřního dítěte zahrnují fyzické a emocionální pohodlí, pocity jistoty a bezpečí, povzbuzení, fyzický kontakt, lásku, pozornost, uznání a přijetí. Za kterýmkoli, jakkoli neskutečným požadavkem vašeho Vnitřního dítěte, je vždy jedna nebo více těchto primárních potřeb.

Krok čtyři:
Vnitřní rodič a Vnitřní dítě se shodnou, že řešení Vnitřního konfliktu musí být přijatelné pro obě strany.

Jakmile jsou potřeby vyjasněné, musí obě Já souhlasit s tím, že si vzájemně pomohou a podpoří se při uspokojování potřeb toho druhého. A ač by to mohl být nejsnazší krok, bývá někdy ten nejtěžší, protože ani Vnitřní rodič ani Vnitřní dítě nehodlají ustoupit ze svých tužeb a usilují o vítězství za každou cenu.

Předtím, než přejdete k pátému kroku, je potřeba věnovat mimořádnou péči a úsilí tomu, aby obě Já spolu mohla začít spolupracovat.

Krok pět:
Vnitřní Já společně hledají řešení Vnitřního konfliktu.

Pozitivní seberodičovství se soustředí na způsoby, jak uspokojit potřeby obou Já. V tomto kroku vytvořte co nejvíce možností, které pokryjí potřeby obou Já a umožní jejich uspokojení.

Klíčem ke kroku pět je tvořivost. Sepište do dvou sloupců co nejvíce možných řešení, která uspokojí potřeby vašeho Vnitřního rodiče a Vnitřního dítěte. V tomto kroku zapište JAKÁKOLI řešení, která uspokojí potřeby kteréhokoli Já, dokonce i když vám budou připadat nepraktická nebo že nemohou druhému Já prospět. Generování co největšího počtu řešení povzbuzuje tvořivost obou Já a dodává jim energii hledat řešení jejich společných problémů.

Někdy budete k vyřešení Vnitřního konfliktu jednoduše potřebovat víc informací. Mluvte s přáteli, vyžádejte si radu od odborníků, čtčtc knihy, zajděte do knihovny, projděte si internet nebo někam zavolejte. Mějte vůli udělat cokoli, co pomůže najít odpovědi a potenciální řešení pro potřeby obou vašich Já.

Krok šest:
Vnitřní Já společně vyberou vzájemně přijatelné řešení, které uspokojí potřeby obou dvou.

Tvořivý proces generování nápadů a úvah v předchozím kroku může přinést nějaké řešení nebo kombinaci řešení, které vyvolají ve Vnitřním rodiči a Vnitřním dítěti nadšení. Může to být nejlepší možné řešení pro obě Já, podobně jako tomu bylo v příkladu seminář vs. lyžování. Anebo to může být situace, která jim usnadní výběr menšího zla.

Jsou-li tvořivé nápady vzájemně prozkoumány ze všech úhlů, přijatelné řešení nebo kompromis představuje za daných okolností pro obě Vnitřní Já v danou chvíli nejlepší možnou alternativu.

Krok sedm:
Vnitřní rodič a Vnitřní dítě společně uskutečňují dohodnuté řešení.

To bude snadná část, protože obě Já se podílela na hledání a jsou pozitivně naladěna na výsledek.

Krok osm:
Obě Já vyhodnocují rozhodnutí z hlediska jeho uskutečnitelnosti a uspokojení.

Vyhodnoťte úspěch vašeho společného snažení. Bylo seberodičovské řešení Vnitřního konfliktu úspěšné? Bylo vaše Vnitřní dítě šťastné? Uspokojil kompromis Vnitřního rodiče? Mohlo by cokoli být příště jinak? Pokud by se zítra stejný problém objevil znovu, postupovali byste při jeho řešení jinak?

Využijte zkušeností z řešení Vnitřních konfliktů k tomu, abyste si usnadnili cestu pro řešení budoucích problémů.

Nejlepší způsob k odvrácení Vnitřních konfliktů ještě dříve než vzniknou, je poznat a důvěrně se seznámit s každým Vnitřním Já a jeho osobností. Každé Já je jedinečné, má své speciální potřeby a své specifické okolnosti. Díky nashromážděným zkušenostem a interakcím ze seberodičovských sezení se Vnitřní rodič a Vnitřní dítě časem poznají důvěrněji a budou si bližší.

Když budete coby Vnitřní rodič sami se sebou coby Vnitřním dítětem spolupracovat na řešení Vnitřních konfliktů, vyvine se mezi oběma vašimi Já nová smělost a důvěra. Naučíte se být otevření vůči potřebám toho druhého a budete si jich více vědomi. Jako v každém úspěšném vztahu se bude porozumění a oddanost obou vašich Vnitřních Já postupně zvyšovat tím, jak se budou učit jeden druhému důvěřovat a vzájemně se na sebe spoléhat.

Tato sebedůvěra spolu se sebeovládáním vám výrazně usnadní každé rozhodování při hledání řešení Výhra/Výhra přijatelných pro obě vaše Vnitřní Já.

Oddanost a cvik v řešení Výhra/Výhra způsobí, že se pro vás tento způsob řešení Vnitřních konfliktů stane běžný.

Když bude Vnitřní rodič vědomě a aktivně pracovat na řešení Výhra/Výhra společně s Vnitřním dítětem, vytvoříte ve svém životě prostor pro zcela novou perspektivu.

Získáte úspěšné životní dovednosti, které vám budou prospěšné po celý život. Doporučuji, abyste si hned teď udělali místo pro všechno to štěstí, lásku a radost, kterou jste vždy chtěli a kterou máte nyní k dispozici.

8 | SEBERODIČOVSTVÍ PRO VNITŘNÍ KONFLIKTY: VAŠE BUDOUCNOST

Klíčem k pozitivnímu seberodičovství je řešit všechny Vnitřní konflikty pomocí praxe Vnitřních rozhovorů a jejich naslouchání.

> Máte problém s nadváhou?

> Jste nešťastní nebo osamělí?

> Máte stres v práci?

> Je pro vás těžké se rozhodnout, zda pracovat nebo studovat?

> Uvažujete o rozvodu nebo zvažujete rozhodnutí, kde a s kým žít?

To jsou závažné situace nebo dilemata. Naslouchání Vnitřním rozhovorům a praktikování seberodičovství je ideální způsob, jak najít řešení.

Ačkoli je tato kniha psána svěžím a jednoduchým stylem, principy, které tvoří pozadí seberodičovství ve Vnitřních rozhovorech, jsou výsledkem propracovaného a důkladného porozumění lidské mysli.

Jakmile pochopíte, jak Vnitřní rozhovory ovlivňují vaše chování, můžete seberodičovství aplikovat v mnoha směrech. Přinese vám to dlouhodobý užitek, který může skutečně změnit váš život.

Existují tři úrovně porozumění tomu, jaký skutečný význam seberodičovství ve vašich Vnitřních rozhovorech má. Současně představují kroky, které musíte podniknout, abyste odemkli poklady skryté ve vaší mysli a zdolali minulé, současné a budoucí výzvy.

První úroveň
seberodičovství:

Naučit se rozpoznávat hlasy ve Vnitřních rozhovorech tak, abyste od sebe dokázali oddělit Vnitřního rodiče a Vnitřní dítě.

Myšlenky, soudy
a analýzy reprezentují
vašeho Vnitřního
rodiče.

Pocity, emoce
a reakce přicházejí od
Vnitřního dítěte.

Je to snadné pochopit intelektuálně, je však daleko těžší tuto myšlenku rozpoznat ve své mysli. Samozřejmě jste učinili první krok tím, že čtete tuto knihu nebo jste možná navštívili online seminář.

Pro mnoho lidí je myšlenka Vnitřních rozhovorů nová. Jiní mohli své Vnitřní rozhovory intuitivně zaregistrovat během dne, ale protože nerozuměli tomu, kdo s kým mluví, nikdy ve skutečnosti „neposlouchali" a neslyšeli tak, co se vlastně říkalo. Jejich Vnitřní rodič jednoduše nevědomě „seberodičoval" Vnitřní dítě stejným způsobem, jakým byli vychováváni oni sami.

První úroveň seberodičovství ve Vnitřních rozhovorech je obdoba toho, když čtete o nějakém novém tělesném cvičení. Dozvědět se o lepším a snazším cvičení vás může inspirovat k tomu začít cvičit.

Dokonce i když se vám líbí logika cvičení a rozumíte tomu, proč se tak cvičí, dokud opravdu nezačnete cvičit, nemůžete očekávat, že vám cvičení přinese nějaký užitek. Stejné je to i se seberodičovstvím – pokud nezačnete praktikovat seberodičovská cvičení z třetí části knihy, zůstanete na první úrovni porozumění.

Jiní mohou k seberodičovství přistupovat stylem „všechno o tom vím, už před lety jsme se to učili na psychologii," nebo „o něčem podobném jsem četl knihu." Nicméně získat intelektuální porozumění (první úroveň) je pouze první krok k dosažení možné seberealizace. Sami zjistíte, že postoupit z první úrovně na druhou je emočně mnohem uspokojivější.

Druhá úroveň
seberodičovství:

Jakmile začnete postupovat podle návodu *Deset kroků ke středně pokročilé úrovni*, které jsou načrtnuty ve třetí části, stane se poznávání vašeho Vnitřního dítěte samozřejmostí. To vám poskytne do začátku nejlepší možný start.

Praktikováním
seberodičovství
začnete své Vnitřní dítě
poznávat.

Už od prvního sezení začnete rozlišovat mezi
dvěma hlasy uvnitř vaší mysli, takže každá strana bude
zřetelněji slyšet. Také si začnete budovat svůj vlastní styl
seberodičovského rozhovoru.

Věnujte sami
sobě pouhých třicet
minut denně a brzy
objevíte něco skutečně
jedinečného.

Skutečně v sobě máte hlas Vnitřního dítěte s jeho vlastními pohledy a názory.

Tento hlas vysoce přesahuje vše, co vás pravděpodobně napadlo během čtení této knihy. Jak budou třicetiminutová sezení přibývat, vynoří se hlubší uvědomění Vnitřních rozhovorů.

Obvykle jsou třeba dva až čtyři týdny půlhodinových sezení, abyste si svého mimořádného posunu všimli.

Brzy začnete čerpat ze síly a nádhery, která je nedílnou součástí těchto konceptů. Třetí úroveň porozumění přichází automaticky jako přirozené rozšíření poznávání vašeho Vnitřního dítěte.

Třetí úroveň
porozumění

představuje přeměnu negativních vzorců
seberodičovství na pozitivní vzorce lásky, podpory a péče
o Vnitřní dítě.

Třetí úroveň
seberodičovství
znamená dostatečně
porozumět vašim
Vnitřním rozhovorům,
abyste je dokázali
používat na denní
bázi a abyste milovali
své Vnitřní dítě,
podporovali ho
a pečovali o něj.

Na třetí úrovni zjistíte, že ve skutečnosti téměř žádné vnější problémy nemáte. Nevyřešené Vnitřní konflikty míváte jednoduše kvůli tomu, že jste neoslovili své problémy u jejich zdroje – uvnitř vaší mysli.

Také je možné,
že dlouhodobé
negativní rodičovské
programování je příliš
masivní a bolestné
na to, abyste jej
v negativním terénu
odkrývali sami.

Psychické vzory, které se v důsledku neobvykle tvrdého rodičovství rozvinou (např. vzory dané dysfunkčními, závislými nebo chronicky depresivními rodiči) mohou být značně nezřetelné nebo naopak velmi hluboké, takže je dost obtížné je s porozuměním první či druhé úrovně rozpoznat. Rané dětské zkušenosti, a v jejich důsledku i hlas Vnitřního dítěte, mohou být příliš bolestné na to, aby se vyjevily, a doslova mohou blokovat uvědomění.

Za těchto okolností je potřeba školený profesionál (viz kapitola 12 ve třetí části), aby jemně objasnil a rozkryl Vnitřní rozhovory a dovedl vás k pozitivnímu seberodičovství. Většina z nás se cítí nenaplněná nebo nešťastná prostě kvůli tomu, že nevěnujeme dostatek času tomu milovat své Vnitřní dítě, vědomě ho podporovat a poučeně o něj pečovat.

ZÁVĚR

Nespokojte se s první úrovní porozumění. Praktikujte seberodičovská cvičení z třetí části. Usilujte o hlubší poznání, uvědomění a pochopení toho, jak vaše mysl pracuje.

Jakmile dosáhnete porozumění na třetí úrovni, využijte svá půlhodinová sezení k prolomení psychických překážek mezi vámi a silou vaší mysli. Potenciál lidské bytosti je úctyhodný. Začněte ten potenciál žít!

Štěstí, naplnění a smysl života jsou přirozené důsledky pozitivního, milujícího a pečujícího seberodičovství.

Mnoho lidí hledá externí náhradu seberodičovství. Hledají něco nebo někoho zvenčí, kdo by se o ně postaral, kdo by porozuměl jejich potřebám a kdo by místo nich převzal odpovědnost za jejich životy.

Bohužel, pokud vaše Vnitřní rozhovory a podpora rodiny nepomáhají uspokojovat vaše fyzické, emocionální, mentální a sociální potřeby, nepomohou vám ani vzdálenější zdroje jako práce, majetek nebo společnost.

Nejlepším zdrojem lásky, podpory a péče je to, co máte plně ve své moci, totiž pozitivní seberodičovství ve Vnitřních rozhovorech.

Nejdůležitějším aspektem Vnitřních rozhovorů je to, že skutečným rodičem svého Vnitřního dítěte jste vy sami. Nezůstávejte u toho, že se o seberodičovství budete učit nebo o něm číst. Ve chvílích, kdy jste emočně sklíčení, máte obavy, nudíte se nebo se zlobíte, nepřestávejte pracovat na tom, abyste upřímně budovali svoji sebeúctu.

Používejte seberodičovství jako nástroj pro řešení problémů ve chvílích, kdy zažíváte Vnitřní konflikty nebo jste na dně.

Namísto toho, abyste si dělali naděje na majetek nebo očekávali, že vám ho zajistí druzí „někde tam venku", používejte Vnitřní rozhovory k tomu, abyste o sebe pečovali a abyste uspokojovali své potřeby. Když rodiče o své vnější dítě náležitě pečují, vyroste dítě se silným smyslem pro vlastní důstojnost a sebeúctu, které má intuitivní zkušenost autentického spojení s druhými. Plně podporované dítě může dokázat všechno na světě. Když dospěje, může v životě dokázat cokoli, co si v životě zamane.

I vy můžete
díky pozitivnímu
seberodičovství
ve Vnitřních rozhovorech
obnovit takové základy
a dosáhnout stejně
pozitivních výsledků.

Postupně dokážete odhalit jakýkoli negativní aspekt svého Vnitřního dítěte a proměnit ho na pozitivní. Záhy zjistíte, že vaše Vnitřní dítě je soběstačnější, spolehlivější, důvěryhodnější a odpovědnější. Energii Vnitřních Já, kterou jste předtím plýtvali na vzájemné boje, můžete nyní uvolnit ke znásobení sil k dosažení společných cílů.

Seberodičovství je mocný nástroj seberealizace. Tím, že budete náležitě praktikovat třicetiminutová sezení a vydržíte, můžete dosáhnout téměř čehokoli. Po několika měsících seberodičovství na třetí úrovni porozumění se váš Vnitřní rodič a Vnitřní dítě budou skutečně vzájemně podporovat a spolupracovat.

Stane se z vás opravdu silná osobnost schopná činit ve svém životě zázraky.

Nikdy není pozdě na to, aby váš život běžel tak, jak jste si vždy přáli.

Seberodičovství můžete také použít jako nástroj poradenství s druhými lidmi.

Je to úžasné poznání, které můžete sdílet s druhými, porovnat, co říkají jejich Vnitřní rodiče a Vnitřní děti.

Rozpoznáte, kde se ostatní zasekli v opakujícím se nepečujícím chování, které se naučili od rodičů. Vaše zkušenosti a znalosti jim mohou být nápomocné při láskyplné péči a podpoře jejich Vnitřních Já.

Vztah s Vnitřním dítětem je jediný vztah, o kterém si můžete být jistí, že vám vydrží do konce života. Vy a vaše Vnitřní dítě spolu budete vést Vnitřní rozhovory, dokud budete živi.

Když začnete seberodičovství praktikovat s láskou, podporou a péčí, celá vaše budoucnost může být jen jasnější a naplněnější.

Přeji vám co největší úspěch v učení a v chápání práce s Vnitřními rozhovory. Vím, že díky čtení této knihy už své Vnitřní dítě lépe znáte, a já doufám, že budete pokračovat v poznávání toho, jak milovat, podporovat a pečovat o své Vnitřní dítě.

ČÁST III

SEBERODIČOVSKÁ CVIČENÍ

9 | ZAHÁJENÍ ROZHOVORU MEZI DVĚMA JÁ

ÚVOD

Nyní už důvěrně znáte dva hlasy uvnitř vaší mysli: hlas Vnitřního rodiče a hlas Vnitřního dítěte. Také víte, jak praktikovat seberodičovství, narazíte-li na Vnitřní konflikt. Dalším krokem pozitivního seberodičovství je všímat si vědoměji Vnitřních rozhovorů. Začněte se na ně nalaďovat na denní bázi tak, abyste zjistili, který hlas je který. VAŠE VNITŘNÍ ROZHOVORY SE ODEHRÁVAJÍ NEUSTÁLE!

Je primární odpovědností Vnitřního rodiče studovat a rozvíjet Vnitřní rozhovory, jedině tak může seberodičovství přinášet pozitivní přínos. Třetí část knihy v hrubých rysech naznačuje pozitivní kroky, které vám v tomto procesu mohou pomoci. Následující dvě kapitoly přinášejí formát seberodičovských sezení a návod, jak s ním pracovat.

Zažijete první dva týdny pozitivního seberodičovství a naučíte se rozpoznávat hlas svého Vnitřního dítěte. Kapitola 11 popisuje Deset kroků k dosažení střední pokročilosti v seberodičovství. Kapitola 12 nabízí další možnosti, jak zapracovat na pocitu spokojenosti v „reálném světě".

Pokud chcete coby Vnitřní rodič vychovávat své Vnitřní dítě podporujícím a pečujícím způsobem, musíte se v tom cvičit. Učení začíná stejně jako u vnějších rodičů, kteří potřebují napravit problémy se svým vnějším dítětem. Předpokládejme, že mezi vnějším rodičem a jeho dítětem panuje nedostatek komunikace a že dítě sklouzává k závažným kázeňským problémům.

Jednoho dne si rodič přečte knihu nebo navštíví seminář o účinných rodičovských technikách. Výsledkem nových technik, o kterých do té doby neměl ani tušení, je, že rodič pochopí, že příčinou výchovných problémů není dítě, nýbrž spíše jeho vlastní chabé rodičovské dovednosti. Rodič, který do té doby nevědomky používal nepečující rodičovské techniky, se přirozeně rozhodne své metody okamžitě změnit.

Ukáže se ale, že změnit každodenní rodičovský styl není tak snadné. Navíc má rodič další problém. Právě se naučil nové rodičovské techniky a pochopil, že než si je osvojí, potřebuje nějakou dobu trénovat.

Kromě toho se dítěti nový styl rodičovství, kterému je zničehonic vystaveno, nemusí vůbec líbit. Dítě může začít být ještě vzpurnější. Když se dítěti dosavadní rodičovský styl nelíbil, proč by to teď mělo být jinak?

Přesto pravidelným procvičováním nově získaných dovedností rodič získá nové kompetence a jistotu. Jakmile vnější dítě začne zažívat přínosy lepšího rodičovství, začne reagovat jinak. Výsledkem studia a změn na straně rodiče, společně s postupně se proměňujícími reakcemi dítěte, je pozvolné a trvalé zlepšování jejich vzájemného vztahu.

Coby Vnitřní rodič nesete odpovědnost za nápravu své části Vnitřních rozhovorů. Jakmile začnete řádně fungovat coby Vnitřní rodič, reakce Vnitřního dítěte bude přirozeně pozitivní. Dodržování postupu popsaného v těchto kapitolách vám zajistí úspěch.

Seberodičovské povinnosti splníte tím, že pochopíte obecné principy a dynamiku Vnitřních rozhovorů a že vyvinete způsob, jak si tyto nové koncepty přizpůsobit a uvést je do svého běžného života. Vaším úkolem je odnaučit se ve svém každodenním životě špatné návyky přetrvávající od vašich rodičů a rozvinout nové způsoby a techniky pozitivního seberodičovství.

Energie k uskutečňování změn, kterou na začátku vkládá Vnitřní rodič, rozběhne proces natolik, že oba dva budete moci zažít NADŠENÍ Vnitřního dítěte!

Jakmile zaznamenáte pozitivní přínosy práce s Vnitřními rozhovory, obě vaše Vnitřní Já se budou vzájemně motivovat. Díky třicetiminutovým sezením se zlepší vztah mezi Vnitřním rodičem a Vnitřním dítětem. Nadšení, intenzita a ochota k sebepozitivnímu seberodičovství rychle vzroste.

Pravidelná seberodičovská sezení představují další krok k nabytí těchto užitků. Proces je možné zahájit díky tomu, že Vnitřní rodič zaměřuje vědomou pozornost na hlas Vnitřního dítěte. Třicetiminutová sezení jsou závazek vašeho Vnitřního rodiče zajistit pro vás a vaše Vnitřní dítě nerušený přístup jeden k druhému tak, abyste se mohli vzájemně lépe poznat.

Cílem seberodičovských sezení během prvního týdne je jednoduše to, aby Vnitřní rodič začal vnímat a slyšet hlas Vnitřního dítěte a lépe ho poznal. Všechno, co ve skutečnosti děláte, je to, že posloucháte a dovolujete Vnitřnímu dítěti se plně projevit, aniž byste mu dávali jakoukoli negativní zpětnou vazbu.

Jakmile si začnete více uvědomovat, co Vnitřní dítě chce a co potřebuje, můžete začít používat techniky pozitivního seberodičovství k tomu, abyste vzájemně budovali podporující a pečující vztah.

Pokud začnete pokročilá cvičení v kapitole 11 praktikovat dříve, než s Vnitřním dítětem vybudujete důvěrný vztah, Vnitřní dítě se nebude cítit bezpečně natolik, aby se zapojilo, a vaše sezení nebudou účinná.

Pro vaše denní sezení a k prozkoumání hlubších úrovní vašich Vnitřních rozhovorů vám doporučuji následující formát. Je to metoda, kterou vyučují učitelé seberodičovství a která se ukázala být velmi užitečná.

Krok jedna: Vytvoření prostředí

Prvním krokem je vytvoření tichého a pohodlného prostředí pro vaše každodenní seberodičovská sezení. Jako Vnitřní rodič nechcete, aby cokoli – televize, rádio, práce nebo telefon, odvádělo pozornost od vašeho Vnitřního dítěte.

Pozor, tady nejde o žádnou meditaci „se zavřenýma očima v setmělé místnosti". Ideální je tiché prostředí s mírným osvětlením. Měli byste sedět a být bdělí, nikoli unavení či vyčerpaní. Obě Já potřebují pro zapojení do procesu vědomou pozornost.

Snažte se, abyste svá sezení měli každý den ve stejnou dobu na stejném místě. Vaše Vnitřní dítě miluje stálost a bude se každý den těšit, jak stráví výjimečný čas jenom s vámi, se svým Vnitřním rodičem. Pro převažující většinu adeptů seberodičovství je optimální doba hned ráno po probuzení. Má to několik důvodů.

Největší přínos spočívá v tom, že začínáte den s pozitivní energií vědomé komunikace mezi oběma Já. Zkušenosti mnoha praktikujících potvrzují, že začít den se seberodičovským sezením úplně změnilo běh celého dne. Dokonce i když jste na začátku sezení ospalí nebo utlumení, výsledky dne vám to bohatě vynahradí.

Jedna studentka, která podle svých slov nebyla nikdy schopná ráno včas vstát, popsala, že poté, co začala praktikovat seberodičovství hned ráno po probuzení, začala vstávat o dvě hodiny dřív.

Jakmile už den začne, objeví se spousta příležitostí k rozptýlení a naléhavých záležitostí, které mohou Vnitřnímu rodiči poskytnout výmluvu pro zmeškané sezení. Pokud pracujete z domova a budete si chtít ukrást pro sebe pár chvil odpoledne, bude to právě ve chvíli, kdy se zrovna děti vrátí domů nebo zazvoní zvonek a dorazí opravář.

Pokud pracujete na noční směně, ideální doba po probuzení je před začátkem pracovního dne. Získáte díky tomu pozitivní energii Vnitřního dítěte, kterou budete moci použít během noční směny. Sezení studentů seberodičovství, kteří se pokoušejí o svá sezení v noci před spaním, jsou méně efektivní, protože jsou po dlouhém dni unavení a pozitivní energie sezení se rozplyne kvůli tomu, že jdou spát.

Nemůžete-li mít svá sezení z různých důvodů hned po ránu, hledejte alternativu, třeba přestávku mezi výukou, polední pauzu o samotě v autě apod. V každém případě praktikujte svá sezení v první polovině dne. Vnitřní dítě chce vědět, že ho milujete, a že se coby Vnitřní rodič opravdu staráte. Zpočátku je zásadním důkazem této skutečnosti důslednost a stálost vašich půlhodinových sezení.

Na začátku každého půlhodinového sezení přečtěte nahlas úvodní text. Dáváte tak Vnitřnímu dítěti jasně najevo, že začíná sezení, a říkáte mu, co chcete, aby dělalo. Tento standardní úvod také umožňuje Vnitřnímu dítěti se na sezení psychicky připravit. Já to tak dělám stále i po více jak třiceti letech praxe.

Cítíte-li se pohodlně a nebudete-li již rušeni, začněte následujícím úvodem. Text čtěte nahlas, jako byste ho četli někomu v místnosti.

Zahájení sezení

Drahé Vnitřní dítě,

dobré ráno. Já, tvůj Vnitřní rodič, s tebou chci strávit následujících třicet minut, abych tě lépe poznal/a. Znát tě a dozvědět se o tobě víc je pro mne hodně důležité. Chci, abychom si ty, Vnitřní dítě, a já, Vnitřní rodič, rozuměli a dokázali si jeden druhého víc užít. Když se ty a já naučíme vzájemně si lépe rozumět tím, že spolu budeme otevřeněji komunikovat, budeme oba šťastnější.

Budu se tě ptát na věci, které znáš a které jsi zažilo, abych se dozvěděl/a víc o tvé osobnosti. Prosím, odpovídej na ty otázky stručně nebo podrobně, jak ti to bude vyhovovat. Můj cíl během příštích třiceti minut je naslouchat ti jak nejlépe dovedu, bez snění, souzení nebo kritizování toho, co mi řekneš. Opravdu chci tebe a tvé názory poznat lépe.

Také chci, abys vědělo, že i když se snažím, co nejlépe mohu, naslouchat ti bez souzení, kritizování nebo snění, vím, že pravděpodobně udělám nějaké chyby. Protože to vím, už předem se ti omlouvám. Jakmile si uvědomím, že ti nenaslouchám objektivně nebo pozorně, znovu se ti omluvím a vrátím se k tomu naslouchat tvým odpovědím tak nejlépe, jak dovedu.

Děkuji za tvoji spolupráci.

Ten, kdo tě chce poznat nejlépe,

tvůj Vnitřní rodič.

Krok dva: Kladení otázek

Další krok pozitivního seberodičovství spočívá v tom, že Vnitřní rodič začne klást Vnitřnímu dítěti nějaké „otevírací" otázky. Otázky pokládejte v tomto formátu:

„Vnitřní dítě, _______________________?"

Říkejte své otázky pevně a nahlas, jako kdybyste mluvili s druhou osobou. Zatímco otázku **říkáte nahlas, zapisujte** ji na levou stranu papíru. Mluvte a pište současně, stejnou rychlostí. Možná budete muset mluvit pomaleji, abyste stíhali vše zapisovat. Přizpůsobte své mluvené slovo rychlosti zapisování. To umožní, aby se Vnitřní rodič plně zapojil.

Až otázku dořeknete a zapíšete, nechte Vnitřního rodiče být a zaposlouchejte se do tichých odpovědí Vnitřního dítěte. Uslyšíte, jak vám v mysli zaznívá odpověď na vaši otázku, anebo si všimnete, jak k vám přicházejí mentální obrazy. *To vám odpovídá hlas Vnitřního dítěte!*

Klíčovým principem seberodičovských sezení je, že když mluvíte nahlas a zapisujete vyřčené, používáte hlas Vnitřního rodiče.

Myšlenky a pocity, které se vynoří během ticha po zaznění otázky, jsou hlas Vnitřního dítěte. Tímto záměrným a důsledným oddělováním obou Vnitřních Já se naučíte oba hlasy snadněji rozlišovat.

Pro mnohé bude tento proces velmi snadný. Otázky, které budete klást, budou vyvolávat silnou odezvu a Vnitřní dítě začne ihned reagovat. U někoho mohou být odpovědi někdy krátké anebo přicházet pomalu, zejména pokud jste své Vnitřní dítě mnoho let potlačovali.

Nedělejte si starosti, pokud hned nic neuslyšíte. Někdy to chvilku trvá, než se Vnitřní dítě „chytne" a začne důvěřovat tomu, co děláte. Vnitřní rodič může být také trochu nejistý, protože je to nová technika a ta vyžaduje praxi. Tak či onak, cvik dělá mistra a proces se postupem času ustálí.

Coby Vnitřní rodič můžete přečíst otázku a sám pro sebe si říct: „Ty jo, to je pěkná blbost. Já už na všechny ty otázky odpověď dávno znám." Tento postoj je jeden z největších problémů Vnitřního rodiče. Myslí si totiž, že všechny odpovědi už zná. Seberodičovská sezení fungují nejlépe, když se Vnitřního dítěte ptáte jako byste se ptali poprvé úplně neznámého člověka.

Jindy může být reakce Vnitřního dítěte překvapivě silná a emocionální. NEDĚLEJTE SI STAROSTI, POKUD JSOU ODPOVĚDI VAŠEHO VNITŘNÍHO DÍTĚTE HODNĚ INTENZÍVNÍ NEBO VÝRAZNĚ JINÉ, NEŽ JSTE (COBY VNITŘNÍ RODIČ) ČEKALI.

Vnitřní dítě má jinou povahu než Vnitřní rodič. Je-li odpověď jiná, než kterou jste čekali, je to *jasné znamení toho, že Vnitřní dítě s vámi opravdu mluví.*

Krok tři: Zapsání odpovědí vašeho Vnitřního dítěte

Myšlenky, které se vám v mysli objevily poté, co jste svému Vnitřnímu dítěti položili otázku ve formátu „ptej se nahlas a současně to piš", zapište na pravou stranu papíru.

Odpovědi Vnitřního dítěte zapisujeme během seberodičovských sezení ze dvou důvodů. Jednak jde o trvalý záznam odpovědí Vnitřního dítěte na vaše otázky, a pak zapisování odpovědí Vnitřního dítěte je zásadní aspekt seberodičovského procesu.

Představte si například, že se svého Vnitřního dítěte nahlas zeptáte:

„Vnitřní dítě, jak se dnes máš?"

Ve své mysli uslyšíte odpovědi nebo budete vnímat mentální obrazy typu:

„Je mi fajn."

„Bolí mě hlava."

„Jsem unavený."

„Jsem z toho nadšený."

„Na té židli se mi sedí nepohodlně."

„Nevím, co mi chceš říct."

„Jsem nervózní."

To je hlas Vnitřního dítěte, které reaguje na vaši otázku!

Ať už vaše Vnitřní dítě řekne cokoli, ZAPIŠTE jeho reakci přesně tak, jak to Vnitřní dítě říká. Zapisování odpovědí Vnitřního dítěte plní důležitou funkci při rozlišování myšlenek Vnitřního rodiče a pocitů Vnitřního dítěte.

Během prvních týdnů seberodičovských sezení si musíte osvojit schopnost spolehlivě rozlišovat mezi nahlas kladenými otázkami Vnitřního rodiče a tichými odpověďmi Vnitřního dítěte.

Zapište odpovědi Vnitřního dítěte, které slyšíte ve své

mysli, přesně tak, jak je slyšíte. Používejte stejná slova jako vaše Vnitřní dítě:

> „Je mi fajn."
>
> „Bolí mě hlava."
>
> „Jsem unavený."
>
> „Jsem z toho nadšený."
>
> „Na té židli se mi sedí nepohodlně."
>
> „Nevím, co mi chceš říct."
>
> „Jsem nervózní."

Vaše Vnitřní dítě nemusí mít co říct, může odpovídat jen stručně nebo naopak může mluvit dál a dál. Na začátku může být Vnitřní dítě nesmělé nebo zmatené. Také se může zpočátku pokoušet odpovídat vám podle toho, co si myslí, že chcete slyšet, místo toho, aby řeklo, jak se opravdu cítí.

Během počátečních sezeních dopřejte Vnitřnímu dítěti čas, stejně jako kdybyste mluvili s dobrým přítelem. Pokud jako Vnitřní rodič cítíte, že by Vnitřní dítě chtělo říct víc, vydržte a neopouštějte otázku příliš brzy.

Na druhé straně nedovolte, aby mentální ticho trvalo příliš dlouho. Zjistit, kolik času obě Vnitřní Já potřebují, je jeden z úkolů počátečních sezení. Častým problém seberodičovských sezení bývá negativní zpětná vazba, kterou Vnitřní rodič automaticky dává, např. posuzování, komentování nebo jiné zasahování do odpovědí Vnitřního dítěte. Například Vnitřní rodič začne Vnitřní dítě kritizovat za odpověď na otázku, koho má nejraději, protože jeho odpověď považuje za směšnou.

Vnitřní dítě může projevit negativní názory nebo emoce,

které Vnitřního rodiče totálně překvapí. Vnitřní rodič stihne na jednu upřímnou odpověď Vnitřního dítěte vymyslet dvanáct negativních reakcí dříve než bys řekl švec!

Místo negativního (nebo pozitivního) reagování na odpovědi Vnitřního dítěte, jednoduše zapište všechno, co Vnitřní dítě říká, ať je to cokoli. Budete-li ve své mysli pozitivně nebo negativně posuzovat další myšlenky, poznáte, že to nejsou odpovědi na vaši otázku, nýbrž mentální zpětné vazby na odpovědi vašeho Vnitřního dítěte. A rodičovské rady, komentáře či výhrady mohou být dobré/špatné, správné/chybné, lepší/horší.

Když coby Vnitřní rodič budete tyto komentáře a soudy mít (jakože určitě budete), nedělejte si starosti. Na začátku je má každý, je to nevyhnutelné. A ve skutečnosti jste se svému Vnitřnímu dítěti už na začátku sezení předem omluvili!

Pamatujte si: jakmile zjistíte, že s Vnitřním dítětem diskutujete, že ho posuzujete nebo si myslíte, že jeho odpověď je „špatná" nebo „hloupá", hned PŘESTAŇTE a znovu se Vnitřnímu dítěti OMLUVTE, a to tak, že nahlas řeknete:

„Vnitřní dítě, je mi to líto. Hodnotil/a jsem, co jsi mi řeklo. Prosím, pokračuj jako předtím, než jsem tě přerušil/a. Budu se cvičit v tom, abych to v budoucnu neopakoval/a."

Pamatujte si, že úkolem Vnitřního rodiče je fungovat jako přijímač a zrcadlit všechno, co Vnitřní dítě říká. Vnitřní dítě se musí během seberodičovských sezení cítit mnohem bezpečněji a mít daleko větší pocit jistoty než kdykoli jindy během dne.

Jakékoli podivné nebo nezvyklé odpovědi vám

pomáhají dozvědět se víc o pocitech, emocích
a potřebách Vnitřního dítěte, a to je přece hlavní smysl
seberodičovských sezení!

BĚHEM SEBERODIČOVSKÝCH SEZENÍ
PŘIJÍMEJTE ODPOVĚDI VNITŘNÍHO DÍTĚTE BEZ
JAKÉHOKOLI MENTÁLNÍHO POSUZOVÁNÍ!

Během prvních dvou týdnů mějte na paměti, že Vnitřní
rodič nikdy neposuzuje ani neodsuzuje, co Vnitřní dítě
řekne, a to dokonce ani tehdy, když Vnitřní rodič ví, že se
Vnitřní dítě zcela určitě mýlí. Až ve své praxi postoupíte na
středně pokročilou úroveň, budete mít příležitost s Vnitřním
dítětem mluvit.

Nejhorší věc, kterou můžete na počátku
seberodičovských sezení udělat je, že budete na své
Vnitřní dítě uplatňovat staré rodičovské vzorce anebo že
seberodičovská sezení ukončíte kvůli tomu, že se vám
nelíbí, co Vnitřní dítě říká.

Pokud to uděláte, Vnitřní dítě bude nešťastné, protože
jste ho kritizovali a posuzovali jeho odpověď na otázku,
kterou jste mu vy sami coby Vnitřní rodič položili.

Je to podobné, jako když vnější rodič trestá dítě za to,
že mu řeklo pravdu. Vnější dítě se rychle naučí pravdu
neříkat. Vaše Vnitřní dítě se úplně stejným způsobem naučí
neodpovídat na vaše otázky.

Krok čtyři: poděkujte svému vnitřnímu dítěti za jeho odpověď

Poté, co jste zapsali přesně odpověď tak, jak jste ji slyšeli, se ujistěte, že svému Vnitřnímu dítěti otevřeně a upřímně za jeho odpověď poděkujete. Udělejte to pokaždé. Následující větu adresujte ve svém nitru Vnitřnímu dítěti a řekněte ji nahlas.

„Děkuji ti, Vnitřní dítě, že mi to říkáš/že jsi mi to řeklo."

Hlasité poděkování Vnitřnímu dítěti po každé odpovědi dovolí Vnitřnímu dítěti, aby se cítilo spokojeně a v bezpečí. Možná je to poprvé, kdy je slyšeno a přijímáno bez hodnocení nebo nesouhlasu.

Milující, podporující a pečující aspekty, které jsou v seberodičovství tak zásadní, začínají otázkou Vnitřního rodiče a končí odpovědí Vnitřního dítěte, na kterou Vnitřní rodič pozitivně reaguje uznáním a poděkováním. To samo o sobě začne ve vztahu s Vnitřním dítětem vytvářet kladné „body", které přispějí k vašemu pocitu pohody během dne.

Správný způsob zápisu poděkování je napsat ho o řádek níže. Na začátek řádku vlevo napište iniciály DT a to současně s nahlas proneseným poděkováním (Děkuju ti, Vnitřní dítě, že jsi mi to řeklo). Iniciály DT zakroužkujte.

Je to zkrácený zápis celé formule. Pomáhá udržovat vědomí toho, že jste odpověď svého Vnitřního dítěte opravdu uznali. Navíc procvičujete techniku „mluvím a zároveň píšu".

Krok pět: ukončení sezení

Ideální seberodičovské sezení otázka/odpověď trvá třicet minut. Není podstatné, jak rychle procházíte otázky, a dokonce ani to, zda všechny otázky projdete během jednoho sezení. Je důležité, abyste coby Vnitřní rodič poskytli Vnitřnímu dítěti lásku, podporu a péči a věnovali mu plnou půlhodinu bez ohledu na zaplněný diář.

Na druhou stranu si můžete začít společný čas užívat tak moc, že ani jeden nebudete chtít přestat. Můžete pak zjistit, že jste své sezení přetáhli. Důrazně vám doporučujeme nepodlehnout pokušení a čas nepřekračovat. Omezení doby na třicet minut přineslo adeptům seberodičovství nejlepší výsledky.

Je to právě stálost seberodičovských sezení a dodržování času, co do vašeho života přináší užitek. Dlouhé sezení může zkraje způsobit, že se Vnitřní dítě bude cítit posilněné novou energií nebo začne být plné nadšení. A možná právě proto, že vám bude tak dobře, snadno sklouznete k tomu pár dní vynechat. Potom je ale mnohem těžší znovu začít, protože jste ztratili pozitivní rozjezd. Vnitřní dítě si také může připadat zrazené, protože cítí, že Vnitřní rodič něco dobrého začal a pak přestal.

Třicet minut je také ideální časové okno, které se v běžném denním provozu vměstná do uspěchaného života. Jakmile se ze sezení stane zvyk, je snadné pokračovat. Vnitřní dítě bude dobu sezení vnímat jako čas, který je vyhrazený jen „pro mě", a bude se na pravidelná sezení těšit.

Po třiceti minutách je čas sezení ukončit. Postupujte stejným způsobem a příslušnou formulaci přečtěte nahlas. Vnitřní dítě si díky tomu uvědomí, že je sezení u konce, a to přispívá k jejich soudržnosti.

Ukončení sezení

Drahé Vnitřní dítě,

je to třicet minut, co spolu mluvíme a společně sdílíme. Já jsem si to opravdu užil/a a jsem vděčný/á, že jsme mohli strávit čas spolu.

Zítra pokračujme a užijme si to spolu. (Můžete přidat speciální komentář vztahující se přímo k danému sezení).

Ještě jednou ti děkuji,

tvůj Vnitřní rodič.

Opakujte tento proces tázání, zapisování odpovědí a poděkování Vnitřnímu dítěti třicet minut každý den. Výsledkem bude, že uslyšíte hlas SVÉHO Vnitřního dítěte mnohem zřetelněji a silněji i během vašich ostatních aktivit v průběhu dne.

PŘÍPRAVA NA SEZENÍ

Budete potřebovat pero, kroužkový blok nebo volné listy A4, pořadač nebo obdobné desky na zakládání. Pokud nesedíte u stolu, budete potřebovat také pohodlný podklad pro zapisování odpovědí Vnitřního dítěte. Každé sezení začínejte na nové stránce.

Do záhlaví stránky napište **den, datum a čas**, v kolik hodin a minut sezení začínáte. Také je vhodné psát i **číslo sezení**, budete mít přehled o tom, kolik seberodičovských sezení jste už absolvovali.

Uprostřed stránky udělejte dělící čáru. Vlevo nahoru napište **Vnitřní rodič** (VR), vpravo **Vnitřní dítě** (VD). Popsané listy zakládejte do vyhrazeného pořadače, který máte jen pro tento účel.

Uchovávání chronologických záznamů vám umožní pracovat s druhými na zlepšování jejich seberodičovských dovedností. Můžete své zkušenosti vzájemně sdílet a společně pracovat na problémových oblastech.

Možná jste zapojeni do Dvanácti krokového programu nebo jste členem podpůrné skupiny SÁM SOBĚ RODIČEM. S řešením problémů vám může pomoci také terapie. Aby vám seberodičovská sezení přinášela přínos a měli jste z nich opravdový užitek, je písemný záznam naprostá nutnost.

Výchozí cíl vašich seberodičovských sezení během prvních týdnů je věnovat pravidelně určitou část dne tomu, abyste milovali, podporovali a pečovali o své Vnitřní dítě. Dáte tím Vnitřnímu dítěti najevo konkrétním způsobem, že to se změnou seberodičovských vzorců myslíte vážně.

Dodržování formy a jasné projevy toho, že se opravdu snažíte lépe poznat své Vnitřní dítě, udělá ve vašem vztahu zázraky. To je největší přínos a užitek prvních týdnů seberodičovství.

Vy a vaše Vnitřní dítě potřebujete čas, aby se znovu obnovilo pouto, které mezi vámi kdysi bylo. Předkládané otázky snadno a jemně dovolí Vnitřnímu dítěti, aby v neohrožujícím prostředí mohlo klidně a bezpečně dávat neohrožující odpovědi na neohrožující otázky.

Tempo dalších třicetiminutových seberodičovských sezení se liší člověk od člověka. Nejprve je potřeba získat praxi a zvyknout si na formát. Pokud nedokončíte všechny otázky během jednoho sezení, jednoduše pokračujte příští den s novými otázkami pro daný den anebo můžete začít „nespotřebovanými" otázkami z předchozího dne. Rozhodnutí je na vás. Vaše volba.

Pokud otázky vyčerpáte před koncem třicetiminutového sezení, jednoduše opakujte poslední otázku, dokud neuplyne třicet minut. Sezení zakončete tak, že nahlas přečtete *Ukončení*.

Následující otázky jsou návrh pro první týdny seberodičovských sezení. Vřele vám doporučují dodržovat třicetiminutový formát.

Prosím, předtím než přejdete ke kapitolám 11 a 12, projděte a dokončete první dva týdny seberodičovství.

Hodně zábavy!

DEN 1

Některé otázky do začátku:

1. Vnitřní dítě, jak se ti dnes daří?

                    Odpověď Vnitřního dítěte:

2. Vnitřní dítě, připadají ti tahle seberodičovská sezení divná?

                    Odpověď Vnitřního dítěte:

3. Vnitřní dítě, cítíš se právě teď pohodlně?

                    Odpověď Vnitřního dítěte:

4. Vnitřní dítě, jak ses vyspalo?

                    Odpověď Vnitřního dítěte:

5. Vnitřní dítě, co jsi mělo dnes ráno k snídani (včera k večeři)?

                    Odpověď Vnitřního dítěte:

6. Vnitřní dítě, chutnalo ti to jídlo?

                    Odpověď Vnitřního dítěte:

7. Vnitřní dítě, jaká jsou Tvoje tři oblíbená jídla?

                    Odpověď Vnitřního dítěte:

8. Vnitřní dítě, kdy naposledy jsi tahle tři oblíbená jídla mělo?

                    Odpověď Vnitřního dítěte:

9. Vnitřní dítě, jaký je tvůj oblíbený (nejoblíbenější) film?

                    Odpověď Vnitřního dítěte:

10. Vnitřní dítě, co se ti na tom filmu tolik líbí?

                    Odpověď Vnitřního dítěte:

11. Vnitřní dítě, kdo je tvůj oblíbený herec/oblíbená herečka?

                    Odpověď Vnitřního dítěte:

12. Vnitřní dítě, co se ti na tom herci/
herečce tak líbí?

Odpověď Vnitřního dítěte:

13. Vnitřní dítě, řekni mi, co tě dnes
(včera) bavilo.

Odpověď Vnitřního dítěte:

14. Vnitřní dítě, řekni mi, co tě dnes
(včera) nebavilo.

Odpověď Vnitřního dítěte:

15. Vnitřní dítě, je cokoli dalšího, co
mi chceš říct předtím, než dnešní
sezení ukončíme?

Odpověď Vnitřního dítěte:

DEN 2

1. Vnitřní dítě, jak se dnes cítíš?

        Odpověď Vnitřního dítěte:

2. Vnitřní dítě, jak se tvé fyzické tělo
cítí právě teď?

        Odpověď Vnitřního dítěte:

3. Vnitřní dítě, v jakém jsi právě teď
emočním rozpoložení?

        Odpověď Vnitřního dítěte:

4. Vnitřní dítě, jaká je tvoje oblíbená
hudba?

        Odpověď Vnitřního dítěte:

5. Vnitřní dítě, kdo je tvůj oblíbený
zpěvák nebo hudební skupina?

        Odpověď Vnitřního dítěte:

6. Vnitřní dítě, kdy naposledy jsi
poslouchalo svou oblíbenou
hudbu?

        Odpověď Vnitřního dítěte:

7. Vnitřní dítě, kolik máš hudebních
alb svého oblíbeného zpěváka nebo
skupiny?

        Odpověď Vnitřního dítěte:

8. Vnitřní dítě, chtělo bys mít víc alb
toho zpěváka nebo skupiny?

        Odpověď Vnitřního dítěte:

9. Vnitřní dítě, řekni mi, co tě včera
bavilo.

        Odpověď Vnitřního dítěte:

10. Vnitřní dítě, řekni mi, co tě včera
nebavilo.

        Odpověď Vnitřního dítěte:

11. Vnitřní dítě, co jsi mělo včera
k obědu (k večeři)?

Odpověď Vnitřního dítěte:

12. Vnitřní dítě, co ti na tom jídle
nejvíc chutnalo?

Odpověď Vnitřního dítěte:

13. Vnitřní dítě, co ti na tom jídle
chutnalo nejmíň?

Odpověď Vnitřního dítěte:

14. Vnitřní dítě, jaký je tvůj další
oblíbený film, o kterém jsi včera
nemluvilo?

Odpověď Vnitřního dítěte:

15. Vnitřní dítě, co se ti na tom filmu
nejvíc líbilo/líbí?

Odpověď Vnitřního dítěte:

16. Vnitřní dítě, je cokoli dalšího, co
mi chceš říct předtím, než dnešní
sezení ukončíme?

Odpověď Vnitřního dítěte:

DEN 3

1. Vnitřní dítě, jak se dnes cítíš?

Odpověď Vnitřního dítěte:

2. Vnitřní dítě, cítíš se pohodlně?

Odpověď Vnitřního dítěte:

3. Vnitřní dítě, jak se ti líbí naše
seberodičovská sezení?

Odpověď Vnitřního dítěte:

4. Vnitřní dítě, co by ti pomohlo, aby
ses při sezeních cítilo pohodlněji?

Odpověď Vnitřního dítěte:

5. Vnitřní dítě, jak se ti v noci spalo?

Odpověď Vnitřního dítěte:

6. Vnitřní dítě, spalo se ti včera
pohodlně?

Odpověď Vnitřního dítěte:

7. Vnitřní dítě, jaký je tvůj oblíbený
sport, co tě baví?

Odpověď Vnitřního dítěte:

8. Vnitřní dítě, kdy naposledy jsi
dělalo svůj oblíbený sport/cvičení?

Odpověď Vnitřního dítěte:

9. Vnitřní dítě, kdy bys mohlo být
kterýkoli atlet nebo atletka, kdo by
to byl?

Odpověď Vnitřního dítěte:

10. Vnitřní dítě, co se ti na něm/na ní
tak líbí?

Odpověď Vnitřního dítěte:

11. Vnitřní dítě, kdybys mělo na výběr,
co by sis dalo k večeři?

Odpověď Vnitřního dítěte:

12. Vnitřní dítě, kdyby sis mohlo
vybrat, komu zavoláš, komu bys
zatelefonovalo?

> Odpověď Vnitřního dítěte:

13. Vnitřní dítě, kdyby sis mohlo
vybrat, s kým bys nechtělo mluvit
po telefonu?

> Odpověď Vnitřního dítěte:

14. Vnitřní dítě, koho na světě
nejméně obdivuješ?

> Odpověď Vnitřního dítěte:

15. Vnitřní dítě, a koho na světě
obdivuješ nejvíc?

> Odpověď Vnitřního dítěte

16. Vnitřní dítě, je cokoli dalšího, co
mi chceš říct předtím, než dnešní
sezení ukončíme?

> Odpověď Vnitřního dítěte:

DEN 4

1. Vnitřní dítě, jak se dnes cítíš?

                                Odpověď Vnitřního dítěte:

2. Vnitřní dítě, jak se tvé fyzické tělo
právě teď cítí?

                                Odpověď Vnitřního dítěte:

3. Vnitřní dítě, jaké je právě teď tvé
emocionální rozpoložení?

                                Odpověď Vnitřního dítěte:

4. Vnitřní dítě, tam, kde bydlíme,
který pokoj je tvůj nejoblíbenější?

                                Odpověď Vnitřního dítěte:

5. Vnitřní dítě, co se ti na tom tak
líbí?

                                Odpověď Vnitřního dítěte:

6. Vnitřní dítě, tam, kde bydlíme,
který pokoj se ti nejmíň líbí?

                                Odpověď Vnitřního dítěte:

7. Vnitřní dítě, co se ti na tom pokoji
tak nelíbí?

                                Odpověď Vnitřního dítěte:

8. Vnitřní dítě, co by tu místnost
vylepšilo?

                                Odpověď Vnitřního dítěte:

9. Vnitřní dítě, pamatuješ si dobu,
kdy jsi bylo smutné?

                                Odpověď Vnitřního dítěte:

10. Vnitřní dítě, řekni mi o té době víc.

                                Odpověď Vnitřního dítěte:

11. Vnitřní dítě, pamatuješ si dobu,
kdy jsi bylo šťastné?

                                Odpověď Vnitřního dítěte:

12. Vnitřní dítě, řekni mi o té době víc.

                                Odpověď Vnitřního dítěte:

13. Vnitřní dítě, kdo je tvůj oblíbený
kamarád?

Odpověď Vnitřního dítěte:

14. Vnitřní dítě, kvůli čemu je to tvůj
oblíbený kamarád?

Odpověď Vnitřního dítěte:

15. Vnitřní dítě, je cokoli dalšího, co
mi chceš říct předtím, než dnešní
sezení ukončíme?

Odpověď Vnitřního dítěte:

DEN 5

1. Vnitřní dítě, jak se dnes cítíš?

> Odpověď Vnitřního dítěte:

2. Vnitřní dítě, cítíš se pohodlně?

> Odpověď Vnitřního dítěte:

3. Vnitřní dítě, které věci tě baví dělat
pro radost?

> Odpověď Vnitřního dítěte:

4. Vnitřní dítě, co tě na těch věcech
tak baví?

> Odpověď Vnitřního dítěte:

5. Vnitřní dítě, kdys je naposledy
dělalo?

> Odpověď Vnitřního dítěte:

6. Vnitřní dítě, která věc z těch, co
máš, je tvoje nejmilejší?

> Odpověď Vnitřního dítěte:

7. Vnitřní dítě, jak by ses cítilo,
kdybys o ni přišlo?

> Odpověď Vnitřního dítěte:

8. Vnitřní dítě, kdo je Tvoje oblíbená
kamarád(ka)?

> Odpověď Vnitřního dítěte:

9. Vnitřní dítě, kvůli čemu je Tvoje
oblíbená kamarád(ka)?

> Odpověď Vnitřního dítěte:

10. Vnitřní dítě, pamatuješ si, kdys
bylo teď v poslední době plné
nadšení a energie?

> Odpověď Vnitřního dítěte:

11. Vnitřní dítě, čím to bylo, žes bylo
plné nadšení a energie?

> Odpověď Vnitřního dítěte:

12. Vnitřní dítě, pamatuješ si, kdy jsi
teď v poslední době dostalo dárek?

Odpověď Vnitřního dítěte:

13. Vnitřní dítě, jak ses cítilo, když jsi
dostalo ten dárek?

Odpověď Vnitřního dítěte:

14. Vnitřní dítě, pamatuješ si, žes
někdy dostalo domácího mazlíčka?

Odpověď Vnitřního dítěte:

15. Vnitřní dítě, řekneš mi o tom
domácím mazlíčku víc?

Odpověď Vnitřního dítěte:

16. Vnitřní dítě, je něco, co mi chceš
říct předtím, než ukončíme dnešní
sezení?

Odpověď Vnitřního dítěte:

DEN 6

1. Vnitřní dítě, jak se dnes cítíš?

>Odpověď Vnitřního dítěte:

2. Vnitřní dítě, jak se tvé fyzické tělo
právě teď cítí?

>Odpověď Vnitřního dítěte:

3. Vnitřní dítě, jaké je právě teď tvé
emocionální rozpoložení?

>Odpověď Vnitřního dítěte:

4. Vnitřní dítě, pamatuješ si, kdys
bylo plavat?

>Odpověď Vnitřního dítěte:

5. Vnitřní dítě, pamatuješ si, jak jsi
bylo plavat ještě někdy jindy?

>Odpověď Vnitřního dítěte:

6. Vnitřní dítě, které prázdniny se ti
líbily?

>Odpověď Vnitřního dítěte:

7. Vnitřní dítě, co nejzábavnějšího jsi
o těch prázdninách dělalo?

>Odpověď Vnitřního dítěte:

8. Vnitřní dítě, co zábavného jsi ještě
o těch prázdninách dělalo?

>Odpověď Vnitřního dítěte:

9. Vnitřní dítě, kterou slavnou
osobnost opravdu obdivuješ?

>Odpověď Vnitřního dítěte:

10. Vnitřní dítě, co na té osobnosti
obdivuješ nejvíc?

>Odpověď Vnitřního dítěte:

11. Vnitřní dítě, pamatuješ si nějakou
opravdu důležitou událost?

>Odpověď Vnitřního dítěte:

12. Vnitřní dítě, jak tě ta důležitá
událost zasáhla osobně?

Odpověď Vnitřního dítěte:

13. Vnitřní dítě, můžeš mi říct, kdys
cítilo hněv a vztek?

Odpověď Vnitřního dítěte:

14. Vnitřní dítě, můžeš mi říct, kdy ses
cítilo sebejistě, sebevědomě?

Odpověď Vnitřního dítěte:

15. Vnitřní dítě, je cokoli dalšího, co
mi chceš říct předtím, než dnešní
sezení ukončíme?

Odpověď Vnitřního dítěte:

DEN 7

1. Vnitřní dítě, jak se dnes máš?

                    Odpověď Vnitřního dítěte:

2. Vnitřní dítě, cítíš se pohodlně?

                    Odpověď Vnitřního dítěte:

3. Vnitřní dítě, pamatuješ si dobu,
   kdys bylo polekané?

                    Odpověď Vnitřního dítěte:

4. Vnitřní dítě, řekni mi o tom víc.

                    Odpověď Vnitřního dítěte:

5. Vnitřní dítě, pamatuješ si, kdys
   něco vytvořilo nebo vyrobilo?

                    Odpověď Vnitřního dítěte:

6. Vnitřní dítě, co to bylo?

                    Odpověď Vnitřního dítěte:

7. Vnitřní dítě, jaký to byl pocit, že
   jsi něco vytvořilo?

                    Odpověď Vnitřního dítěte:

8. Vnitřní dítě, pamatuješ si dobu,
   kdys dostalo to, cos chtělo?

                    Odpověď Vnitřního dítěte:

9. Vnitřní dítě, co to bylo?

                    Odpověď Vnitřního dítěte:

10. Vnitřní dítě, proč jsi mělo radost,
    žes to dostalo?

                    Odpověď Vnitřního dítěte:

11. Vnitřní dítě, pamatuješ si dobu,
    kdys nedostalo to, cos chtělo?

                    Odpověď Vnitřního dítěte:

12. Vnitřní dítě, proč jsi bylo
    rozčarované, žes to nedostalo?

                    Odpověď Vnitřního dítěte:

12. Vnitřní dítě, pamatuješ si dobu,
kdys dostalo něco, cos nechtělo?

Odpověď Vnitřního dítěte:

14. Vnitřní dítě, bylo jsi nešťastné
z toho, žes to dostalo?

Odpověď Vnitřního dítěte:

15. Vnitřní dítě, je cokoli dalšího, co
mi chceš říct předtím, než dnešní
sezení ukončíme?

Odpověď Vnitřního dítěte:

10 | POKROČTE V SEBE- RODIČOVSKÝCH CVIČENÍCH

ÚVOD

Po prvním týdnu seberodičovských cvičení jste vy a vaše Vnitřní dítě na sebe mnohem více naladěni. Během tohoto týdne prohloubíte svá sezení tím, že vyzvete své Vnitřní dítě k návratu do vzpomínek.

Jedním z důležitých aspektů Vnitřního dítěte je to, že funguje jako dveřník ke skladu vzpomínek. Pouze Vnitřní dítě může mít vzpomínky (stejně jako pouze Vnitřní dítě může pociťovat emoce). K vyvolání vzpomínky je nutné, aby Vnitřní rodič vyzval Vnitřní dítě k přehrání vzpomínky.

Jakmile si Vnitřní dítě vzpomínku vybaví, pošle ji dál do Vnitřního rozhovoru. Vnitřní dítě si také může vzpomínku vybavit spontánně na základě vnějšího podnětu. Důvěrně známé pohledy, obrázky a zejména vůně probouzejí ve Vnitřním dítěti vzpomínky.

Jeden způsob, jak prohloubit sezení a napomoci vybavení vzpomínek, je mít u sebe během sezení oblíbenou fotografii z dětství. Měla by to být fotografie, kde jste šťastní, nebo alespoň šťastně vypadáte, a která vyvolá příjemné vzpomínky. Ptát se s takovou fotografií před očima pomůže Vnitřnímu dítěti vybavit si dávné pocity a minulé události.

Když požádáte Vnitřní dítě, aby si vybavilo vzpomínky, může mu to chvilku trvat, než s něčím přijde. Jindy naopak si Vnitřní dítě může vybavovat události a pocity tak rychle, až bude Vnitřní rodič ohromen. Někdy, když žádáte Vnitřní dítě, aby se rozpomnělo, může být užitečné zavřít si oči a redukovat tak vnější stimulaci, nicméně to není nutné.

Jakmile je vytvořena důvěra, je kladení důvěrnějších otázek Vnitřnímu dítěti další způsob, jak prohloubit seberodičovská sezení. Jsou to otázky přísně osobní povahy mezi vámi a vaším Vnitřním dítětem a zahrnují situace a pocity spojené s rodinnými záležitostmi, pracovní etikou, sexualitou nebo s náboženskými otázkami.

Jakmile se bude Vnitřní dítě cítit bezpečněji a uvolněněji, můžete se ho začít ptát „proč, nač, co", což může vyvolat silnější emocionální odezvu. Otázky „proč, nač, co?" dovolí Vnitřnímu dítěti volně vyjadřovat pocity svými vlastními slovy tak, jak ono samo bude ochotno je rozkrýt.

Při kladení otázek mějte vždy na paměti, že je třeba od sebe oddělovat myšlenky a názory Vnitřního rodiče od těch, které patří Vnitřnímu dítěti.

Nezapomínejte dodržovat třicetiminutový formát a tento jednoduchý postup:

*1. Vytvořte bezpečné prostředí. Přečtěte nahlas **Zahájení**.*

2. Ptejte se (a současně zapisujte) otázky ve formátu „Vnitřní dítě, ... “.

3. Zapisujte odpovědi Vnitřního dítěte přesně tak, jak je slyšíte.

4. Po každé odpovědi poděkujte nahlas Vnitřnímu dítěti, zkraje dalšího řádku napište iniciály DT a zakroužkujte je.

*5. Na závěr každého třicetiminutového sezení přečtěte nahlas **Ukončení**.*

Otázky druhého týdne jsou navrženy tak, aby povzbudily Vnitřní dítě k projevu hlubších emocí nebo aby si snáze vybavilo vzpomínky z minulosti.

Tyto a podobné otázky povzbudí vaše Vnitřní dítě, aby během seberodičovské půlhodinky řeklo spoustu zajímavých věcí, které budou vás oba fascinovat. Jak budete postupovat vpřed, budete mít k dispozici další otázky dostupné v navazujících seberodičovských modulech.

DEN 8

1. Vnitřní dítě, jak se dnes cítíš?

Odpověď Vnitřního dítěte:

2. Vnitřní dítě, proč se tak cítíš?

Odpověď Vnitřního dítěte:

3. Vnitřní dítě, pamatuješ si, co tě ve
škole nejvíc bavilo?

Odpověď Vnitřního dítěte:

4. Vnitřní dítě, bylo ještě něco, co
tě ve škole bavilo nebo se ti tam
líbilo?

Odpověď Vnitřního dítěte:

5. Vnitřní dítě, pamatuješ si nějakou
konkrétní událost, kterou sis
opravdu skvěle užilo?

Odpověď Vnitřního dítěte:

6. Vnitřní dítě, cos na škole nejvíc
nenávidělo?

Odpověď Vnitřního dítěte:

7. Vnitřní dítě, proč jsi školu tak
nenávidělo?

Odpověď Vnitřního dítěte:

8. Vnitřní dítě, pamatuješ si nějakou
konkrétní událost, která se ti vůbec
nelíbila nebo tě vůbec nebavila?

Odpověď Vnitřního dítěte:

9. Vnitřní dítě, čemu z toho, co tě
baví, se budeš v nejbližší době
věnovat?

Odpověď Vnitřního dítěte:

10. Vnitřní dítě, co tě na tom tak baví?

Odpověď Vnitřního dítěte:

11. Vnitřní dítě, kdy ses tomu
věnovalo naposledy?

Odpověď Vnitřního dítěte:

12. Vnitřní dítě, kdy tě to poprvé
bavilo?

Odpověď Vnitřního dítěte:

13. Vnitřní dítě, máš rádo přírodu?

Odpověď Vnitřního dítěte:

14. Vnitřní dítě, kde v přírodě se ti
nejvíc líbí?

Odpověď Vnitřního dítěte:

15. Vnitřní dítě, které počasí máš
nejradši: když prší, je pod mraky,
sněží, je bouřka, svítí slunce, fouká
vítr? Co se ti víc líbí: den, noc,
když je zima, horko, tak akorát,
úsvit, soumrak, poledne, když
padají kroupy, měsíc, hvězdy, rosu,
mlhu?

Odpověď Vnitřního dítěte:

16. Vnitřní dítě, jak na tebe počasí
působí?

Odpověď Vnitřního dítěte:

17. Vnitřní dítě, je něco, co mi chceš
říct předtím, než ukončíme dnešní
sezení?

Odpověď Vnitřního dítěte:

DEN 9

1. Vnitřní dítě, jak se dnes cítíš?

> Odpověď Vnitřního dítěte:

2. Vnitřní dítě, jak se tvé fyzické tělo
   právě teď cítí?

> Odpověď Vnitřního dítěte:

3. Vnitřní dítě, ve které části svého
   těla cítíš největší napětí?

> Odpověď Vnitřního dítěte:

4. Vnitřní dítě, která část tvého těla je
   nejvíc uvolněná?

> Odpověď Vnitřního dítěte:

5. Vnitřní dítě, jaká je Tvoje oblíbená
   kniha?

> Odpověď Vnitřního dítěte:

6. Vnitřní dítě, proč se ti ta kniha
   tolik líbí?

> Odpověď Vnitřního dítěte:

7. Vnitřní dítě, kdys naposledy četlo
   takhle dobrou knihu?

> Odpověď Vnitřního dítěte:

8. Vnitřní dítě, řekni mi na škále od 1
   do 10, jak moc tě baví číst?

> Odpověď Vnitřního dítěte:

9. Vnitřní dítě, pamatuješ si dobu,
   kdys bylo v dětství nadšené a plné
   energie?

> Odpověď Vnitřního dítěte:

10. Vnitřní dítě, kolik ti bylo tehdy let?

> Odpověď Vnitřního dítěte:

11. Vnitřní dítě, řekni mi o těch časech
    víc.

> Odpověď Vnitřního dítěte:

12. Vnitřní dítě, kdy naposledy ses
    takhle dobře cítilo?

    Odpověď Vnitřního dítěte:

13. Vnitřní dítě, pamatuješ si nějaké
    narozeniny v době od pěti do deseti
    let?

    Odpověď Vnitřního dítěte:

14. Vnitřní dítě, řekni mi o těch
    narozeninách víc.

    Odpověď Vnitřního dítěte:

15. Vnitřní dítě, pamatuješ si, jaký jsi
    dostalo k narozeninám dárek?

    Odpověď Vnitřního dítěte:

16. Vnitřní dítě, pamatuješ si, jaký
    to byl pocit, když jsi dostalo ten
    dárek?

    Odpověď Vnitřního dítěte:

17. Vnitřní dítě, je něco, co mi chceš
    říct předtím, než ukončíme dnešní
    sezení?

    Odpověď Vnitřního dítěte:

DEN 10

1. Vnitřní dítě, jak se dnes cítíš?

        Odpověď Vnitřního dítěte:

2. Vnitřní dítě, jaké je právě teď
Tvoje emocionální rozpoložení?

        Odpověď Vnitřního dítěte:

3. Vnitřní dítě, pamatuješ si dobu,
kdy ses jako dítě nudilo nebo jsi
bylo smutné a sklíčené?

        Odpověď Vnitřního dítěte:

4. Vnitřní dítě, kolik ti bylo tenkrát
let?

        Odpověď Vnitřního dítěte:

5. Vnitřní dítě, řekni mi o té době víc.

        Odpověď Vnitřního dítěte:

6. Vnitřní dítě, kdy ses naposledy
cítilo takhle špatně?

        Odpověď Vnitřního dítěte:

7. Vnitřní dítě, pamatuješ si dobu,
kdys bylo v dětství nadšené a plné
energie?

        Odpověď Vnitřního dítěte:

8. Vnitřní dítě, kolik ti bylo tehdy let?

        Odpověď Vnitřního dítěte:

9. Vnitřní dítě, řekni mi o těch časech
víc.

        Odpověď Vnitřního dítěte:

10. Vnitřní dítě, pamatuješ si zimní
prázdniny mezi pátým a desátým
rokem?

        Odpověď Vnitřního dítěte:

11. Vnitřní dítě, řekni mi o těch
zimních prázdninách víc.

        Odpověď Vnitřního dítěte:

12. Vnitřní dítě, kterou osobu máš ve
svém životě nejraději?

Odpověď Vnitřního dítěte:

13. Vnitřní dítě, co máš na té osobě
nejraději, které její rysy se ti nejvíc
líbí?

Odpověď Vnitřního dítěte:

14. Vnitřní dítě, kterou osobu ve svém
životě nejvíc nenávidíš?

Odpověď Vnitřního dítěte:

15. Vnitřní dítě, co ti na té osobě
nejvíc vadí, které její rysy?

Odpověď Vnitřního dítěte:

16. Vnitřní dítě, pamatuješ si, jak jsi
někomu v dětství pomohlo?

Odpověď Vnitřního dítěte:

17. Vnitřní dítě, řekni mi o tom víc.

Odpověď Vnitřního dítěte:

18. Vnitřní dítě, jaký to byl pocit
někomu pomoci?

Odpověď Vnitřního dítěte:

19. Vnitřní dítě, je něco, co mi chceš
říct předtím, než ukončíme dnešní
sezení?

Odpověď Vnitřního dítěte:

DEN 11

1. Vnitřní dítě, jak se právě teď cítíš?

                              Odpověď Vnitřního dítěte:

2. Vnitřní dítě, cítíš se lépe fyzicky
nebo emocionálně?

                              Odpověď Vnitřního dítěte:

3. Vnitřní dítě, řekni mi, proč se tak
cítíš?

                              Odpověď Vnitřního dítěte:

4. Vnitřní dítě, která konkrétní
událost, věc nebo zážitek tě
před 10 (20, 30, 40) lety udělala
šťastným?

                              Odpověď Vnitřního dítěte:

5. Vnitřní dítě, co tě udělalo tak
šťastné?

                              Odpověď Vnitřního dítěte:

6. Vnitřní dítě, která konkrétní
událost, věc nebo zážitek tě
před 10 (10, 30, 40) lety udělala
nešťastným?

                              Odpověď Vnitřního dítěte:

7. Vnitřní dítě, co způsobilo, že jsi
bylo tak nešťastné?

                              Odpověď Vnitřního dítěte:

8. Vnitřní dítě, jaká je Tvoje oblíbená
barva?

                              Odpověď Vnitřního dítěte:

9. Vnitřní dítě, kolik kusů oblečení
máš v téhle barvě?

                              Odpověď Vnitřního dítěte:

10. Vnitřní dítě, jak se cítíš v oblečení,
které nosíme?

                              Odpověď Vnitřního dítěte:

11. Vnitřní dítě, kdybys mělo tu
    možnost, co bys na našem oblékání
    změnilo?

    Odpověď Vnitřního dítěte:

12. Vnitřní dítě, můžeš mi říct něco
    o tom, když jsi potřebovalo
    pomoc?

    Odpověď Vnitřního dítěte:

13. Vnitřní dítě, pamatuješ si, že jsi
    někdy pomohlo příteli, přítelkyni,
    kamarádovi, kamarádce?

    Odpověď Vnitřního dítěte:

14. Vnitřní dítě, co bylo na tom
    pomoci příteli příjemné?

    Odpověď Vnitřního dítěte:

15. Vnitřní dítě, je nějaká událost nebo
    věc, která tě minulý týden opravdu
    potěšila?

    Odpověď Vnitřního dítěte:

16. Vnitřní dítě, proč tě ta událost tak
    potěšila?

    Odpověď Vnitřního dítěte:

17. Vnitřní dítě, je nějaká událost nebo
    věc, kvůli které ses minulý týden
    cítilo opravdu špatně?

    Odpověď Vnitřního dítěte:

18. Vnitřní dítě, proč jsi se cítilo tak
    špatně?

    Odpověď Vnitřního dítěte:

19. Vnitřní dítě, je něco, co mi chceš
    říct předtím, než ukončíme dnešní
    sezení?

    Odpověď Vnitřního dítěte:

DEN 12

1. Vnitřní dítě, jak se tvé fyzické tělo
   cítí právě teď?
   Odpověď Vnitřního dítěte:
2. Vnitřní dítě, jaké je právě teď
   Tvoje emocionální rozpoložení?
   Odpověď Vnitřního dítěte:
3. Vnitřní dítě, pomohlo by ti něco,
   aby ses cítilo pohodlněji?
   Odpověď Vnitřního dítěte:
4. Vnitřní dítě, kdo byl tvůj oblíbený
   učitel/ka ve škole (na základce, na
   střední …)?
   Odpověď Vnitřního dítěte:
5. Vnitřní dítě, co se ti na tom učiteli
   / učitelce nejvíc líbilo?
   Odpověď Vnitřního dítěte:
6. Vnitřní dítě, kdyby ses tomu
   člověku (učiteli/učitelce) podobalo,
   co by v tvém životě bylo právě teď
   jinak?
   Odpověď Vnitřního dítěte:
7. Vnitřní dítě, kterého učitele/
   učitelku jsi ve škole (na základce,
   na střední…) nesnášelo?
   Odpověď Vnitřního dítěte:
8. Vnitřní dítě, cos na tom učiteli/
   učitelce nejvíc nesnášelo?
   Odpověď Vnitřního dítěte:
9. Vnitřní dítě, které je Tvoje
   nejoblíbenější/nejmilejší místo na
   světě?
   Odpověď Vnitřního dítěte:

10. Vnitřní dítě, co je na tom místě tak
výjimečné?

Odpověď Vnitřního dítěte:

11. Vnitřní dítě, kdybys mohlo
cestovat a jet kamkoli na světě,
kam bys chtělo jet?

Odpověď Vnitřního dítěte:

12. Vnitřní dítě, proč bys jelo právě
tam?

Odpověď Vnitřního dítěte:

13. Vnitřní dítě, chtělo bys být častěji
samo?

Odpověď Vnitřního dítěte:

14. Vnitřní dítě, kdybys mělo na výběr,
bylo bys radši samo víc nebo míň?

Odpověď Vnitřního dítěte:

15. Vnitřní dítě, kdyby sis mohlo
vybrat, kam bys chtělo jet na příští
dovolenou?

Odpověď Vnitřního dítěte:

16. Vnitřní dítě, je něco, co mi chceš
říct předtím, než ukončíme dnešní
sezení?

Odpověď Vnitřního dítěte:

DEN 13

1. Vnitřní dítě, jak se právě teď cítíš?
> Odpověď Vnitřního dítěte:

2. Vnitřní dítě, cítíš se lépe fyzicky
nebo emocionálně?
> Odpověď Vnitřního dítěte:

3. Vnitřní dítě, řekni mi, proč se tak
cítíš?
> Odpověď Vnitřního dítěte:

4. Vnitřní dítě, které prázdniny byly
nejlepší, cos kdy zažilo?
> Odpověď Vnitřního dítěte:

5. Vnitřní dítě, proč to byly nejlepší
prázdniny?
> Odpověď Vnitřního dítěte:

6. Vnitřní dítě, jaká byla Tvoje
nejlepší sexuální/milostná
zkušenost?
> Odpověď Vnitřního dítěte:

7. Vnitřní dítě, s kým to bylo?
> Odpověď Vnitřního dítěte:

8. Vnitřní dítě, kolik ti tehdy bylo let?
> Odpověď Vnitřního dítěte:

9. Vnitřní dítě, co byla Tvoje nejhorší
sexuální/milostná zkušenost?
> Odpověď Vnitřního dítěte:

10. Vnitřní dítě, s kým to bylo?
> Odpověď Vnitřního dítěte:

11. Vnitřní dítě, kolik ti bylo tehdy let?
> Odpověď Vnitřního dítěte:

12. Vnitřní dítě, pamatuješ si dobu,
kdys bylo úspěšné?
> Odpověď Vnitřního dítěte:

13. Vnitřní dítě, řekni mi o tom víc.
> Odpověď Vnitřního dítěte:

14. Vnitřní dítě, pamatuješ si dobu,
kdys selhalo?

Odpověď Vnitřního dítěte:

15. Vnitřní dítě, řekni mi o tom víc.

Odpověď Vnitřního dítěte.

16. Vnitřní dítě, je něco, co mi chceš
říct předtím, než ukončíme dnešní
sezení?

Odpověď Vnitřního dítěte:

DEN 14

1. Vnitřní dítě, jak se dnes cítíš?

> Odpověď Vnitřního dítěte:

2. Vnitřní dítě, jak se tvé fyzické tělo
   právě teď cítí?

> Odpověď Vnitřního dítěte:

3. Vnitřní dítě, v které části svého
   těla cítíš největší napětí?

> Odpověď Vnitřního dítěte:

4. Vnitřní dítě, která část tvého těla je
   nejvíc uvolněná?

> Odpověď Vnitřního dítěte:

5. Vnitřní dítě, co nejlepšího si
   pamatuješ ze svého dětství?

> Odpověď Vnitřního dítěte:

6. Vnitřní dítě, proč si to pamatuješ?

> Odpověď Vnitřního dítěte:

7. Vnitřní dítě, co se ti v dětství
   nejméně líbilo?

> Odpověď Vnitřního dítěte:

8. Vnitřní dítě, proč se ti to tak
   nelíbilo?

> Odpověď Vnitřního dítěte:

9. Vnitřní dítě, kdo je tvých pět
   nejlepších kamarádů/kamarádek
   ze školy (školky, základky, střední,
   vysoké)?

> Odpověď Vnitřního dítěte:

10. Vnitřní dítě, s kým v současnosti
    trávíš rádo čas?

> Odpověď Vnitřního dítěte:

11. Vnitřní dítě, proč se s tím
    člověkem cítíš tak dobře?

> Odpověď Vnitřního dítěte:

12. Vnitřní dítě, chtělo bys mít víc
kamarádů/přátel?

Odpověď Vnitřního dítěte:

13. Vnitřní dítě, kdybys mohlo mít víc
kamarádů/přátel, co by to bylo za
lidi?

Odpověď Vnitřního dítěte:

14. Vnitřní dítě, je něco, co mi chceš
říct předtím, než ukončíme dnešní
sezení?

Odpověď Vnitřního dítěte:

11 | DESET KROKŮ KE STŘEDNĚ POKROČILÉ ÚROVNI

Představení Deseti kroků ke středně pokročilé úrovni: aktualizovaná mileniová verze

Když byl koncept seberodičovství v roce 1987 poprvé představen veřejnosti, nebylo mnoho zkušeností, o které se šlo opřít. Trvalo několik let přednášení a osobních konzultací než se podařilo dokončit to, co nyní známe jako *Deset kroků ke středně pokročilé úrovni*. Během let se tomu začalo neformálně říkat „přebrodit řeku".

Řekněme, že k tomu, abyste se bezpečně dostali do cíle, potřebujete překonat velmi nebezpečnou řeku. Pokud do řeky spadnete, s velkou pravděpodobností se utopíte. Nicméně pokud je na řece dostatek strategicky umístěných nášlapných kamenů, které z řeky vyčnívají a nikdy se nepotopí, už jen tím, že na tom vyvýšeném kameni zůstanete, se můžete bezpečně dostat na druhou stranu.

Deset kroků popsaných v této kapitole představuje pro nového adepta seberodičovství bezpečnou cestu vybavenou ukazateli, které vás jemně doprovodí na středně pokročilou úroveň. Musíte vědět, že i když jsou jednotlivé kroky jasně označené a jednoznačně popsané, po cestě číhá mnoho potenciálních nástrah. Zpočátku to nevypadá jako nebezpečná a riskantní cesta. Ve skutečnosti to je ale složité a ošidné, protože je mnoho způsobů, jak vás svést ze správné cesty na scestí.

Vybavuji si mnoho praktikujících, kteří začali seberodičovství s neuvěřitelným nadšením. Kdybych vám ukázal jejich rané výpovědi, byli byste si téměř jistí, že tito lidé se seberodičovstvím nikdy nepřestanou. A hádejte co, oni přestali! Uvízli v hlubokém spodním proudu vzorců

Vnitřního rodiče. Ztratili se v rozbouřené řece svého života. Smetlo je to a už se nikdy nevrátili.

Seberodičovství na středně pokročilé úrovni může být ošidné. Ve skutečnosti bojujete se sebou samým. Jakmile se vynoří byť jen trochu dysfunkční vzorec Vnitřního rodiče, nemáte ani tušení, že je to váš vlastní vzorec. Je to zažitá tendence obviňovat kohokoli nebo cokoli jiného kromě vlastního Vnitřního rodiče a jeho dysfunkčních seberodičovských problémů. Odcházíte hledat nějakou jinou vnější osobu nebo vnější řešení k tomu, aby za vás vyřešil váš problém s vaším Vnitřním rodičem.

Většina lidí má vícero hlubších vzorců, které musí odhalit a napravit předtím, než dosáhnou seberodičovské země zaslíbené. Přebrodit řeku je metafora pouti, kterou podstupuje praktikující seberodič v rozbouřených vodách svých nevědomých vzorců. Cílem pouti je život s vědomým seberodičovstvím.

Deset kroků ke středně pokročilé úrovni funguje jako přirozená sestava nášlapných kamenů umístěných přesně tak, abyste se bezpečně dostali na druhý břeh. Jediné, co musíte udělat, je postupně přecházet z jednoho nášlapného kamene na druhý. Dejte si čas, buďte opatrní a v pohodě se dostanete na druhou stranu. Když půjdete neprověřenou cestou nebo když se budete loudat anebo vás napadne, že si můžete třeba udělat přestávku a skočit si do řeky zaplavat, smete vás to tak rychle, že ani nebudete vědět, co se přesně stalo.

Pokračovat v každodenních sezeních

Teď, po dvou týdnech pozitivního seberodičovství, je načase přejít k dalšímu kroku a pokračovat dál. V této fázi, kdy praktikujete první měsíc, jste stále seberodičovský benjamínek. Vaším příštím dlouhodobým cílem je stát se středně pokročilým seberodičem. Není to tak snadné, jak to vypadá. Zdá se, že mnozí čtenáři dřívějších vydání se domnívali, že mají po prvních dvou týdnech seberodičovství hotovo. Tak to není!

Je poměrně důležité pokračovat v seberodičovských sezeních, i kdyby jen z jednoho důvodu. Vnitřní dítě představuje aktivní a vědomý hlas ve vašem vědomí. Jak budete pokračovat s pravidelnými sezeními, Vnitřní dítě se stane ještě aktivnější účastník. Když sezení najednou přerušíte, své Vnitřní dítě hodně rozhodíte.

Mnoho dřívějších praktikujících mělo ze seberodičovství takový užitek, že se seberodičovstvím skončili jednoduše proto, že jim prostě začalo být dost dobře. Špatný nápad! Zdá se, že nepochopili koncept. Říkali si: „Žádný problém, k sezením se můžu zase vrátit, až …, když … atd." Bohužel, takhle to nefunguje.

Není dobré přerušit či zastavit všechnu tu pozitivní energii, kterou od Vnitřního dítěte dostáváte. Všechno tak krásně plyne. Věci se začaly zlepšovat. Varujeme vás na základě mnoholetých zkušeností mnoha adeptů seberodičovství.

Řekněme, že váš Vnitřní rodič přestane s denními sezeními. A buďte si jistí, je to vždy jen a jen Vnitřní rodič, kdo seberodičovská sezení ukončí. Vaše Vnitřní dítě by nikdy přestat nechtělo. Možná to nebylo vědomé rozhodnutí. Možná Vnitřní rodič jen usoudil, že teď jdou věci dobře, má před sebou hodně nabitý pracovní týden nebo právě začíná dovolená. Z jakéhokoli důvodu prostě s pravidelnými denními sezeními, která jste tak pečlivě dodržovali první dva týdny, přestane.

Už jste zažili skvělý začátek pozitivního seberodičovství a pak toho necháte – hádejte, kdo z toho šílí, koho to zranilo a kdo si připadá hrozně a zrazeně? Ano, máte pravdu, je to vaše Vnitřní dítě!

Začali jste něco dobrého a najednou jste bez rozumného důvodu přestali. To není pro vaše Vnitřní dítě dobré, i když se třeba zrovna v té době daří a Vnitřní dítě nemá právě naloženo.

Řekněme, že uplyne pár týdnů nebo měsíců a váš Vnitřní rodič zjistí, že se cítíte tak strašně kvůli tomu, že jste ukončili seberodičovská sezení. Když se pokusíte začít podruhé, pravděpodobně se u svého Vnitřního dítěte setkáte s nečekaně silným odporem a vzdorem, jaký jste si nikdy nedokázali představit.

Proč? Je to kvůli tomu, že jste Vnitřnímu dítěti ublížili a zradili ho. Vnitřní dítě nebude chtít riskovat tutéž zkušenost znova: cítit se dobře a pak být odkopnuto. Je to sice negativní a krátkozraká strategie, nicméně je pochopitelná.

Vnitřní dítě cítí, že když vás přiměje k tomu, abyste to vzdali, nezraní ho, když znovu přestanete. Takže přehrává. Je velmi těžké získat zpět ta báječná sezení, která jste zažili poprvé. Obvykle to slabému Vnitřnímu rodiči stačí, aby ztratil odvahu a zabalil to podruhé. To není dobré!

Takže jestli se vám podařilo se seberodičovstvím začít a vydrželi jste ho praktikovat dva týdny, blahopřeji! Pokud váháte, jestli byste měli pokračovat nebo ne, odpověď je: „Ano!“ Prostě pokračujte, ať se vyhnete shora popsaným zážitkům.

Další způsob, kterým může Vnitřní rodič ukončit sezení, je trochu složitější, ale reálný. Může se to přihodit praktikujícímu, který vydržel dva tři měsíce, ale neřídil se Deseti kroky. Prostě si to jen tak dělal po svém. Takoví lidé nekontaktují Seberodičovský program, protože se domnívají, že mají dostatečnou kvalifikaci na to, aby vše zvládli sami. Rozhodně se nehodlají řídit nějakými Deseti kroky a radši si to udělají po svém. Bohužel se to těmto lidem stává často.

Když začnete se seberodičovstvím, máte na první dva týdny k dispozici otázky v této knize. Ty otázky byly pečlivě vybrané a navržené tak, aby vytvořily pozitivní úvod do seberodičovství. Možná si ani neuvědomujete, jak pečlivě byly sestaveny.

Každý krok popsaný v kapitole 9 je velmi důležitý. Na webových stránkách na ně odkazujeme jako na 23 tipů. Většina benjamínků seberodičovství se na začátku snaží 23 tipů dodržovat. Odvedou dobrou práci, zejména když svá první seberodičovská sezení pošlou k posouzení formátu, aby získali zpětnou vazbu. Novost praxe je motivuje a oni pečlivě, jako všichni, kteří se chtějí naučit něco nového, dodržují pokyny.

Řekněme, že budete k seberodičovství přistupovat obvyklejším způsobem. Budete-li praktikovat denní sezení bez podpory, typicky nastane to, že na některý z klíčových tipů zapomenete nebo ho jednoduše vypustíte. Vaše paměť neudrží přesný protokol. Možná vynecháte den nebo dva a řeknete si „zas tak moc se neděje". A nakonec začnete svému Vnitřnímu dítěti klást otázky negativním způsobem anebo začnete do vzájemné komunikace vnášet názory Vnitřního rodiče dříve, než byste měli.

Vaše sezení přestanou přinášet pozitivní výstupy, na které jste si v době, když jste začínali, zvykli. A protože

vás ani nenapadne požádat o pomoc, ani sami od sebe
své chyby nenapravíte, může se snadno stát, že se vaše
seberodičovská sezení změní ve zdroj konfliktu a předchozí
budovaná šťastná zkušenost se postupně vytratí.

Během času se to může stát každému praktikujícímu,
který nebude postupovat podle *Deseti kroků ke středně
pokročilé úrovni.* V zásadě se během seberodičovských
nechají unést zpátky ke „starému Vnitřnímu rodiči"
a sezení ztratí správný směr.

Z toho důvodu vám navrhujeme, abyste si z webu
seberodičovských stránek stáhli formát Deseti kroků
a začali do něj zapisovat svůj pokrok. Tyto kroky
byly neobyčejně povzbuzující zkušenosti pro každého
praktikujícího, který se jimi řídil. Jsou jednoduché a je
snadné je následovat. A pomohou vám lehce a bezpečně
udržet správný kurz.

http://www.selfparenting.com/
ten-steps-to-intermediate-pracitioner

Nejvyšším cílem začátečníka je postoupit vpřed a stát
se středně pokročilým. To trvá přibližně tři až šest měsíců.
Opravdu to nejde zvládnout za méně než tři měsíce a pokud
vám to trvá déle než šest měsíců, možná se příliš nesnažíte.
Kapitoly 9 a 10 představují jemné uvedení do praxe
každodenních sezení, jsou východisko pro další posun
vpřed a prohloubení vaší praxe. Následující část popisuje
každý z **Deseti kroků ke středně pokročilé úrovni**. Při
vyplňování jednotlivých kroků zjistíte, že jste ušli už velký
kus cesty. Ujistěte se, žc sc řídíte těmito kroky a že držíte
tempo.

Krok 1: Přečíst knihu Sám sobě rodičem: Úplný průvodce vašimi Vnitřními rozhovory

Doba: 1 týden

Výborně! Už jste tady.

Krok 2: Praktikovat první dva týdny seberodičovství

Doba: 2 týdny

Doufám, že jste tuto cestu absolvovali. Pokud ne, předbíháte a jste moc napřed. Tyto dvě poslední kapitoly se mají číst až po dokončení kroků 1 až 3.

Krok 3: Poslat dvě ukázky seberodičovských sezení pro zpětnou vazbu

Doba: 20 minut

Tento krok se během let výrazně zjednodušil. Kdysi bylo docela náročné udělat ze záznamů sezení kopie a pak je poslat poštou nebo faxem. Dnes spousta lidí prostě svá sezení naskenuje na tiskárně nebo je vyfotí mobilem, přiloží k e-mailu a pošle.

E-mail je admin@selfparenting.com.

Krok 4: Praktikovat druhé dva týdny každodenních seberodičovských sezení

Doba: 2 týdny

Po dvou týdnech jsou otázky z knihy pryč, tak co teď? Cílem dalších dvou týdnů seberodičovství je, abyste si správně vybrali z nabízených možností a sami sebe úspěšně provedli dalšími dvěma týdny podle rozhodnutí, které učinil váš Vnitřní rodič. Fajn. Jste ve třetím týdnu. Co dál? Máte tři možnosti:

První možnost je jednoduše opakovat první dva týdny z knihy. Udělejte to tehdy, když si nejste průběhem svých sezení jisti nebo když máte nějaký problém se zavedením všech 23 tipů. Získáte jiné odpovědi na hlubší úrovni a pomůže vám to zvyknout si na proces. Tato možnost je zcela v pořádku.

Druhá možnost je pořídit si soubor seberodičovských otázek zvaný *Modul osobních otázek*. Asi se chcete zeptat, co seberodičovské moduly vlastně jsou.

Modul je sestava „bezpečných otázek", které jsou typicky a tematicky uspořádané, např. ***Sebeúcta*** nebo ***Rané dětství a rodina***. Všechny seberodičovské moduly byly sestaveny tak, aby praktikujícím pomohly se vyhnout hlavním úskalím, které mohou nové adepty seberodičovství potkat.

Začínající Vnitřní rodič často dělá velkou chybu tím, že se ptá neškoleným, netrénovaným způsobem. Vnitřní rodič – začátečník má sklon klást návodné nebo už něčím zatížené otázky, aniž by si to uvědomoval. To Vnitřní dítě značně rozesmutňuje, zejména když k tomu dochází v důvěrném a bezpečném prostředí seberodičovských sezení.

Takové otázky často vedou Vnitřní dítě k tomu, aby se bránilo a přijímalo „odvetná opatření". Možná je z toho všeho rozhozené a nešťastné. A Vnitřní rodič vůbec nechápe, co se děje!

Jednoduchý příklad je třeba otázka, „Vnitřní dítě, proč jsi tak naštvané?", zatímco Vnitřní dítě vůbec nemusí být naštvané. Může být jen zraněné, zklamané nebo znepokojené, kdo ví? Když se zeptáte Vnitřního dítěte, proč je tak naštvané, když vůbec nebude, to se teprve naštve!

„Správná" otázka ve chvíli, kdy si myslíte, že by Vnitřní dítě mohlo být naštvané, by byla „Vnitřní dítě, jsi naštvané?". Pokud by bylo, odpovědělo by „Ano", a pokud ne, má možnost uvést věci na pravou míru a říct vám alespoň „Ne", aniž by muselo jít nutně do obrany.

Vždycky se snažte dávat Vnitřnímu dítěti otázky, které mu poskytnou prostor pro vyjádření. Nedožadujte se konkrétních odpovědí nebo názoru. To jsou nebezpečné otázky. Bezpečná otázka z pohledu vašeho Vnitřního dítě je ta, která je flexibilní a týká se tématu, které Vnitřní dítě zajímá.

Všechny seberodičovské moduly jsou plné bezpečných otázek, takže nemusíte řešit, zda se ptáte dobře, nebo špatně. A to je také důvod, proč Deset kroků zdárně funguje. Jakmile získáte praxi v kladení bezpečných otázek, naučíte se vnímat, o co jde. Když pak položíte otázku, která nebude bezpečná, a dostanete od Vnitřního dítěte nepříjemnou odpověď, budete hned vědět, co se děje.

Modul osobních otázek obsahuje více než 200

bezpečných otázek, které vás bezpečně provedou druhými dvěma týdny seberodičovství. Nicméně je také důležité, abyste se během seberodičovských sezení nespoléhali pouze na modulové otázky.

Klasickým doporučením je střídat modulové otázky s vlastními: modulové třikrát do týdne, vlastní otázky třikrát čtyřikrát. Ve třetím a čtvrtém týdnu budete modulové otázky střídat s vlastními, které vytvoříte podle vzoru popsaného níže jako třetí možnost.

Třetí možnost připadá v úvahu tehdy, když se cítíte dostatečně jistí, abyste používali vzorový ***Formát pro tvoření otázek*** (FTO). Je to nejjednodušší a nejsprávnější způsob, jak se začít ptát sám za sebe. Když budete sezení tvořit tímto způsobem, zajistíte si okamžitou pozornost Vnitřního dítěte a jeho stoprocentní účast.

Formát pro tvoření otázek splňuje kritéria kladená na „bezpečné otázky". Sezení je pro Vnitřního rodiče zvládnutelné a Vnitřní dítě si sezení užije.

Formát pro tvoření otázek představuje tříkrokový proces. Po přečtení úvodu se zeptejte:

1. ***„Vnitřní dítě, je něco, o čem bys chtělo mluvit?"***
   Odpověď Vnitřního dítěte:

Zapište odpověď Vnitřního dítěte, poděkujte a zakroužkujte DT (Děkuju ti, Vnitřní dítě, žes mi to řeklo). Pokračujte:

2. ***„Vnitřní dítě, a co o*** _________________? " (Zde napište PŘESNĚ to, co vaše Vnitřní dítě řeklo).
   Odpověď Vnitřního dítěte:

Zapište odpověď Vnitřního dítěte, poděkujte
a zakroužkujte DT (Děkuju ti, Vnitřní dítě, žes mi to řeklo)
a pak se zeptejte:

> **3. „Vnitřní dítě, je ještě něco, co chceš říct o**
> ___________________________**?“** (cokoli vaše
> Vnitřní dítě odpovědělo na otázku 2).
> Odpověď Vnitřního dítěte:

Funguje to dobře: stačí si tyto tři kroky párkrát projít
a zvyknout si na ně. Jednoduše opakujte tuto tříkrokovou
sekvenci, dokud Vnitřní dítě neřekne „ne.“ Vtip spočívá
v tom, že sekvence skončí teprve tehdy, až Vnitřní dítě ve
třetím kroku odpoví „ne“.

Řekněme, že po chvíli už Vnitřní dítě nebude chtít dál
mluvit o *xy*. Máte-li ještě trochu času, pokračujte v sezení
otázkou:

> **1. „Vnitřní dítě, je něco DALŠÍHO, co chceš říct,
> o čem bys rádo mluvilo?**
>
> **2. Opakujte otázku 2.**
>
> **3. Opakujte otázku 3.**

Praktikování tímto způsobem zaručuje, že sezení
budou pro Vnitřní dítě představovat pozitivní zkušenost.
Nezapomeňte se řídit 23 tipy, a než se budete Vnitřního
dítěte dál ptát, nezapomeňte mu poděkovat a poděkování,
zapsané iniciálami DT na dalším řádku, zakroužkovat.

Vyberte si jednu ze tří možností pro třetí a čtvrtý týden.
To bude znamenat, že po měsíci se z vás stane opravdový
praktikující začátečník. V ideálním případě si vyžádejte
zpětnou vazbu na formát sezení, a bude se vám dobře dařit.

Následuje krok číslo 5 – ***Modul sebeúcty***. To je katalyzátor, který vaše seberodičovské sezení raketovým způsobem posune na vyšší úroveň. Modul sebeúcty je okamžik, kdy do hry vstupují hlubší aspekty seberodičovských vzorců a modelů. Představuje kvantový skok v rozvoji vašeho vědomí.

Krok 5: Praktikovat Modul Sebeúcty

Doba: 4–6 týdnů

Sebeúcta je názor Vnitřního rodiče na Vnitřní dítě a jeho pocity. Sebeúcta Vnitřního dítěte je výsledkem množství a kvality zpráv, které mu během dne Vnitřní rodič předal.

Pozitivní sebeúcta je v seberodičovství zásadní otázka. V určitém slova smyslu to může být jediná otázka, protože jakmile si vybudujete silnou a zdravou sebeúctu, projeví se to kladně ve všech oblastech vašeho života. Navíc pozitivní sebeúcta je něco, co většina lidí nezažije, dokud nemá zkušenost s pozitivním seberodičovstvím.

Současné teorie sebeúcty jsou zaseklé v afirmacích. Princip afirmací spočívá v opakování volně definovaných mentálních nebo emocionálních vět, o nichž se má za to, že pomohou sebeúctu vybudovat. Afirmace v podobě, jak jim dnes rozumíme, jsou buď úspěch nebo průšvih, podle toho, jak pečlivě jsou formulovány.

„Dobré" afirmace vám pomohou cítit se dobře nebo alespoň neutrálně. A „špatné" afirmace vás mohou opravdu rozhodit a můžete se pak cítit skutečně špatně. Problém je, že spousta lidí nedokáže rozlišit „dobré" a „špatné" afirmace.

Mnoho studentů předtím, než začali praktikovat seberodičovství, používalo afirmace s malým nebo žádným úspěchem. Jednoduše neporozuměli klíčové dynamice seberodičovství, totiž že seberodičovství je společná práce Vnitřního rodiče a Vnitřního dítěte. Když své úsilí vybudovat si pocit vlastní hodnoty napřeli do modulu sebeúcty, změny byly daleko úspěšnější a trvalejší. Snaha Vnitřního rodiče protlačit pozitivní afirmace nátlakem a přes odpor Vnitřního dítěte vytváří situace Výhra/Prohra nebo dokonce Prohra/Prohra.

Modul sebeúcty používá k budování a posilování sebeúcty dosud nikde jinde neprezentovaný způsob. Je tak účinný, že je nemožné nevybudovat sebeúctu v míře, ve které po ní toužíte. Má to svůj důvod, proč je právě tento modul další krok na cestě ke středně pokročilé úrovni.

Praktikování modulu sebeúcty tři dny v týdnu střídavě s otázkami vytvořenými podle Formátu pro tvoření otázek (FTO) zajistí, že druhý seberodičovský měsíc vás bude opravdu bavit a že si ho užijete. Jsou to přesně ty chvíle, kdy zasazená semínka začínají skutečně klíčit.

Krok 6: Střídat modulové otázky s ostatními typy sezení

Doba: napořád

Principem seberodičovství je používat při postupu vpřed vždy modul, a to bez ohledu na to, zda jste začátečník, středně pokročilý nebo zkušený praktik. Pokud nebudete sami na sebe zvyšovat požadavky, např. pomocí modulů, sezení mohou ustrnout na místě či vyčpět. Moduly fungují jako vnější průvodce, který vám pomáhá dosáhnout nových a niternějších úrovní seberodičovství.

Nyní už máme docela jasnou představu, kolik času je pro jednotlivé kroky seberodičovského programu třeba. Pokud aktivně používáte moduly, typický průběh bude následující:

1. *Začátečník: 3 až 6 měsíců*

2. *Středně pokročilý: 6 měsíců až 2 roky*

3. *Pokročilý: 2 – 5 let*

Moduly iniciují a usazují specifické dovednosti založené na zkušenosti Vnitřního rodiče. Jsou navrženy tak, že jemně, ale zřetelně prohlubují vaše seberodičovské zkušenosti. Jak budete procházet jednotlivé moduly, začnete se učit a procvičovat příslušnou dovednost na konkrétním tématu.

Učit se nové dovednosti je stejné jako se učit hrát na hudební nástroj. Nové dovednosti se budou postupně integrovat a stanou se součástí Vnitřního rodiče. Chci zdůraznit skutečnost, že shora popsaný časový rámec platí pouze, pokud postupujete předepsaným způsobem a praktikujete jednotlivé moduly ve své každodenní praxi.

Potkal jsem mnoho praktikujících, kteří pokračovali v seberodičovství, aniž by postupovali podle Deseti kroků ke středně pokročilé úrovni nebo aniž by praktikovali nějaký modul dva roky i déle. Bližší zkoumání bohužel ukázalo, že skutečná dynamika jejich sezení se příliš nelišila od praxe začátečníků po prvních dvou týdnech.

Důležité pravidlo je, že první tři měsíce až půl roku, nebo přesněji dokud nepokročíte na středně pokročilou úroveň, tak se coby Vnitřní rodič pouze ptáte. V ideálním případě nikdy aktivně neodpovídáte Vnitřnímu dítěti jinak než pouze DTVDŽMTŘ (Děkuji ti, Vnitřní dítě, žes mi to řeklo), a pak položíte další otázku. To je pro některé lidi těžké, hlavně pro ty, kteří se domnívají, že mohou věci uspíšit tím, že na své Vnitřní dítě zatlačí.

Ve skutečnosti v sobě máme zabudovaný bezpečnostní mechanismus, který, aniž by se o něm vědělo, Vnitřního rodiče a Vnitřní dítě chrání. Pravděpodobně jste strávili spoustu času tím, že jste se ke svému Vnitřnímu dítěti nechovali hezky.

Prosté naslouchání Vnitřnímu dítěti po dobu tří až šesti měsíců a pouhé kladení otázek zajišťuje, že se obnoví bezpečný a pevný základ, na kterém stojí důvěra nutná ke zvládnutí budoucí dynamiky mezi oběma Já.

Jakmile je důvěra nastolena, mohou oba bezpečně pokročit na středně pokročilou úroveň, kde se Vnitřní rodič může začít chovat asertivněji.

Pokud začnete být asertivnější dřív, než vybudujete pevné základy, garantuji vám, že se v pozdějších sezeních dostanete do problémů. Je to stejné jako kdybyste chtěli zničehonic zdolat Mount Everest, aniž byste prošli odpovídající přípravou nebo měli s sebou zkušeného průvodce.

Možná je teď vhodná doba připomenout, že seberodičovství je dovednost, kterou se musí Vnitřní rodič učit a kterou musí procvičovat. Součástí procesu je i odnaučit se zlozvyky z minulosti. Vaše Vnitřní dítě je dokonalé tak, jak je, stačí, když mu to zkušený a zdatný Vnitřní rodič dovolí.

Bohužel to jsou právě špatné návyky a zlozvyky Vnitřního rodiče, které způsobují, že Vnitřní dítě rebeluje nebo se u něj rozvíjejí negativní emocionální vzorce. Odnaučit se všechny ty drobné a nezřetelné způsoby, kterými pravidelně srážíte a znevažujete své Vnitřní dítě, vyžaduje čas.

Věřte, nevěřte – Vnitřního rodiče je opravdu potřeba na tři měsíce až půl roku umlčet, aby nebránil Vnitřnímu dítěti růst a aby bylo možné začít budovat vzájemnou důvěru.

Vysvětlit to všechno dopředu vydá na několik knih. Pokud se budete jednoduše řídit Deseti kroky ke středně pokročilé úrovni, dostanete se na druhou stranu řeky bezpečně, aniž byste museli nutně vědět, kolika nástrahám a jakým způsobem jste se cestou vyhnuli.

Krok 7: Nácvik efektivního rodičovství podle Thomas Gordona – Výchova bez poražených / P.E.T. Parent Effectiveness Training

Doba: 1 měsíc (přečtěte třikrát během dvou let)

Někde mezi tímto a posledním krokem začněte číst knihu Thomase Gordona Výchova bez poražených. Je to hodně důležitá kniha, díky které může Vnitřní rodič porozumět procesu seberodičovství. Naučí Vnitřního rodiče chápat, jakou pozitivní moc a potenciál seberodičovství má. Při čtení knihy jen mentálně nahrazujte slova „rodič" slovem „Vnitřní rodič" a slovo „dítě" slovem „Vnitřní dítě". Dost to otevře oči oběma vašim Já.

Je to krok, který Vnitřní rodič podniká mimo rámec pravidelných půlhodinových sezení. Právě zde začíná další fáze celoživotního učení, které z Vnitřního rodiče udělá mistra seberodičovství.

Mnoho praktikujících jsou nebo byli rodiče malých dětí. Jakmile si přečtou nebo přečetli Výchovu bez poražených, zjistili, jak moc to prospělo jejich vnějším dětem. Myšlenka uplatnit tytéž principy vůči Vnitřnímu dítěti tomu celému dává hlubší rozměr.

Studium knihy Výchova bez poražených je místo, kde se Vnitřní rodič naučí mnoho základních zásad, které tvoří strukturu jeho ideálního chování. Doufejme, že během čtení pochopíte, že dodržovat 23 tipů je vlastně totéž jako řídit se pravidly efektivního rodičovství, aniž byste to věděli!

Je důležité vědět, že bez ohledu na to, jak moc špatné bylo vaše vnější rodičovství, můžete se díky programu seberodičovství stát sami sobě milujícím rodičem. Můžete zcela přeprogramovat všechny negativní vzorce, které do vás vnější rodiče vnesli.

Většina praktikujících zjistila, že bylo užitečné přečíst si Výchovu bez poražených nejméně třikrát během prvních dvou let seberodičovství a že pro ně bylo opravdu užitečné vstřebat všechny jeho základní principy. Přečíst knihu jednou opravdu nestačí, zejména když se bude Vnitřní rodič rozvíjet a nabývat díky praxi a s pomocí dalších modulů nové zkušenosti.

Krok 8: Praktikovat modul raného dětství a rodiny

Doba: 4 – 6 týdnů

Potom, co jste dokončili modul sebeúcty a snad také začali číst, nebo dokonce přečetli, Výchovu bez poražených, začněte praktikovat modul raného dětství a rodiny. Praktikujte ho třikrát týdně, dokud neprojdete všechny otázky.

Cílem tohoto modulu je umožnit vašemu Vnitřnímu dítěti reflektovat rané dětství. Pokračujte s otázkami podle formátu pro tvoření otázek FTO nebo třikrát až čtyřikrát týdně pracujte na svých Vnitřních konfliktech.

Smyslem těchto sezení není vybagrovat a vyčistit bolestné vzpomínky z dětství, ačkoli je jistá šance, že se to stane. Sezení jsou spíše navržena tak, aby se lehce oživily události z dětství a aktivovaly se emocionální vzpomínky Vnitřního dítěte.

Díky pravidelným sezením jste už ušli kus cesty na cestě k bezpečnému a jistému seberodičovství. Pořád jste však ve fázi, kdy Vnitřnímu dítěti na všechno pouze odpovídáte DTVDŽMTŘ. Pomalu se přibližujete k přechodu na středně pokročilou úroveň seberodičovství.

Krok 9: Vyřešte 3 až 6 větších Vnitřních konfliktů pomocí Osmi kroků k řešení Vnitřních konfliktů

Doba: 3 až 6 měsíců a pak napořád

Tohle je asi nejnáročnější krok. V této fázi určitě i nejoddanější a nejpoctivější praktikující seberodiče pociťují těžkosti. První výzvou je vůbec rozpoznat přítomnost Vnitřního konfliktu a rozlišit ho od „Vnitřní přestřelky“, kterou mnozí praktikující zažívají jako první.

Když začínáme se seberodičovstvím, tak to, co se zpočátku jeví jako Vnitřní konflikty, jsou ve skutečnosti často pouze „Vnitřní přestřelky“. To je v zásadě pokaždé, když na sebe obě Já pouze pokřikují a nadávají si.

„Vnitřní přestřelky" se tváří jako Vnitřní konflikty, protože jsou založeny na opakující se vnitřní samomluvě, která obsahuje hluboké emocionální prvky a konflikty. Z toho důvodu jsou tak často i vnitřně nahlíženy a jako takové i zapsány ve druhém kroku při řešení Vnitřního konfliktu.

Ukázka Vnitřní přestřelky

Vnitřní rodič	Vnitřní dítě
Neděláš, co chci.	Ne, ty neděláš, co chci.
Jsi špatný.	Ne, to ty jsi špatný.
Jsi na hovno!	Ty jsi na hovno!

Doufám, že máte už trochu představu. Tyto Vnitřní přestřelky mohou trvat opravdu dlouho a mají nesčetně podob!

Problém s „Vnitřní přestřelkou" je ten, že nic z toho, co se řekne, nepřispívá k řešení. Nikdo nevyjadřuje své potřeby, jen si obě strany předhazují urážky či se jinak vzájemně napadají.

To se nikdy neukáže dřív, dokud Vnitřní přestřelku nezapíšete a nevyhodíte ji z hlavy na papír, kde můžete objektivně spatřit, co se vlastně děje.

Nenechte se odradit, když se vám to zpočátku bude při řešení Vnitřních konfliktů stávat znovu a znovu. To je zpočátku skutečně normální. Alespoň můžete přestat s „Vnitřními přestřelkami" tím, že je zapíšete a dostanete je z hlavy.

Nejen že to je základní dovednost nutná pro řešení Vnitřního konfliktu, také vám umožní zažít pocit úlevy, který se dostaví poté, co se jakýkoli konflikt přenese z hlavy na papír. Nakonec se naučíte rozpoznat skutečný Vnitřní konflikt, většinou díky tomu, že po sobě přestanete vnitřně střílet.

Jakmile půjde o skutečný Vnitřní konflikt, s Osmi kroky k řešení Vnitřního konfliktu je řešení poměrně jednoduché. Jen je třeba celý proces tak patnáctkrát až dvacetkrát zopakovat. Je to něco, s čím Vnitřní rodič nesmí přestat. Osm kroků je nejen proces, je to také důležitá životní dovednost, kterou budete pro řešení Vnitřních konfliktů potřebovat celý život.

Také pomáhá přečíst si znovu druhou část této knihy a při řešení Vnitřních konfliktů mít při ruce kapitolu 7. Každý krok musíte pečlivě a metodologicky projít. Nejdřív to děláte mechanicky, dokud si na jednotlivé kroky nezvyknete. S každým opakováním je to snazší.

Menší Vnitřní konflikty se někdy podaří vyřešit dokonce už jen tím, že je zapíšete. Jindy se musíte s tím, abyste prošli tento sedmý krok, opravdu poprat. Pokud se vám někdy stane, že se na Vnitřním konfliktu zaseknete, můžete nám poslat svůj záznam a získat zpětnou vazbu.

K tomu, abyste se stali úspěšným středně pokročilým seberodičem, musíte se naučit své Vnitřní konflikty snadno rozpoznávat a zvládnout Osm kroků k jejich řešení. Pamatujte, že chcete svoje Vnitřní přestřelky co možná nejdříve snížit na minimum a že si chcete osvojit návyk řešit Vnitřní konflikty hned, jakmile si je začnete, byť jen slabě, uvědomovat.

Bohužel, tady mnoho praktikujících opouští svoji šanci – za prvé nezapisují své Vnitřní konflikty hned, jakmile si jich všimnou. To je naprosto zásadní. Pokud je nezapíšete, konflikt zůstává ve vaší hlavě navždy nebo do odeznění krize, což je obvykle okamžik, kdy jste dospěli k nějakému neuvědomovanému řešení.

Za druhé je chyba nepostupovat podle Osmi kroků a některé z nich vynechávat. Každý krok se počítá a jeden na druhém staví. Pokud nedokončíte pečlivě jeden krok, druhý bude o to složitější. Když se vzdáte příliš brzy, může to být horší. Neošetřená rána se může zanítit.

Třetí chyba je, že praktikující jednoduše dostatečně nechápe, jak proces Vnitřních konfliktů skutečně funguje. Po pravdě je třeba vyřešit patnáct dvacet Vnitřních konfliktů, teprve pak začnete chápat, oč jde. Tento proces nejde zkrátit. Opravdu potřebujete projít touto zkušeností a vyřešit určitý počet konfliktů, než vaše obě Já získají představu o tom, co to znamená vyřešit Vnitřní konflikt způsobem Výhra/Výhra.

Vaše první pokusy řešit Vnitřní konflikt budou typické Vnitřní přestřelky, které vám budou dunět v hlavě tak dlouho, dokud je nezapíšete. To je dobré, protože Vnitřní přestřelky mají svůj rytmus, a jakmile se naučíte ten svůj rozpoznávat, můžete jim začít předcházet a časem je úplně vypnout.

Vnitřní přestřelky poznáte podle toho, že ani jedna strana nebude mluvit o svých potřebách. Budou to jen vzájemné útoky na sebe sama mezi vašimi dvěma vnitřními Já.

Vnitřní konflikty jsou důsledek neuspokojených potřeb jedné strany seberodičovského hřiště. Na začátku není snadné potřeby obou Já prozkoumávat. Z toho důvodu je třeba to alespoň patnáctkrát dvacetkrát zkusit, abyste měli představu o jejich dynamice a fungování. Když se při řešení Vnitřního konfliktu zaseknete, ozvěte se nám na stejnou e-mailovou adresu jako v Kroku 3, pomůžeme vám vaši situaci vyřešit:

admin@selfparenting.com.

Krok 10: Zaregistrujte svůj pokrok v Programu Seberodičovství®

To je nejlepší část ze všeho. Pokud jste si z webových stránek stáhli formulář a zapisovali do něj svůj pokrok, jste připraveni ho odeslat k ověření. Jen udělejte kopii a přiložte ji k e-mailu. Ujistěte se, že nikde nechybí datum a všechny údaje jsou vyplněné.

To je dobré pro vás a také pro **Program Seberodičovství®**, protože díky tomu se vám dostanou do ruky další nástroje. Moduly pro středně pokročilé jsou dostupné pouze těm, kteří postoupili na středně pokročilou úroveň.

Gratuluji!

12 DALŠÍ ZPŮSOBY JAK POUŽÍVAT SEBE-RODIČOVSKÁ CVIČENÍ

Úvod

Původní účel KAŽDODENNÍCH sezení je, abyste coby Vnitřní rodič získali zkušenost s rozlišováním Vnitřních hlasů ve Vnitřních rozhovorech. Otázky, které kladete nahlas, jsou hlas Vnitřního rodiče. **Myšlenky a pocity, které tiše vnímáte ve své mysli, patří vašemu Vnitřnímu dítěti.**

Zapisování odpovědí předepsaným způsobem zpřístupňuje Vnitřnímu rodiči myšlenky a pocity Vnitřního dítěte objektivním způsobem. Cyklus otázek a odpovědí uzavírá poděkování Vnitřnímu dítěti po každé reakci Vnitřního dítěte. Hlasité ukončení seberodičovského sezení po třiceti minutách uzavírá proces.

Seberodičovská cvičení mohou přinést ohromující zlepšení ve vědomém vnímání Vnitřních rozhovorů. Nejprve tu je období prvních dvou týdnů, během kterých se coby Vnitřní rodič učíte rozpoznávat hlas Vnitřního dítěte. Již během druhého týdne se postupně zrychlujete a stále se v tom cvičíte.

Díky pokračujícím seberodičovským sezením můžete během Vnitřních rozhovorů odhalit, že mnoho problémů, o kterých jste se domnívali, že už jsou dávno vyřešené, ve vás nadále přetrvává jako Vnitřní konflikt.

Do vědomé pozornosti se mohou dostávat také hlubší a silnější témata, která vás držela v životě zpátky. Jsou to problémy, které vznikají z toho, že jste si dosud své Vnitřní dítě neuvědomovali nebo jste ho ignorovali. Možná jste předtím dokázali tato témata odložit, nyní se ale dostává do popředí touha je vyřešit.

Jsou to dovednosti, které během Deseti kroků ke středně pokročilé úrovni procvičujete a vybrušujete. Slouží jako opora, která vás jako kompas povede ve chvílích, kdy narazíte na skalnatější pobřeží s útesy.

Tím, jak se seberodičovská sezení prohlubují a jak se zlepšují dovednosti Vnitřního rodiče, objevíte mnoho příležitostí, které vám pomohou zlepšit vztahy nejenom s Vnitřním dítětem, ale i v mnoha vnějších životních okolnostech.

Pokračující třicetiminutová sezení jsou klíčem k práci s vašimi Vnitřními rozhovory. Bez nich je pro Vnitřního rodiče příliš snadné sklouznout během dne k rodičovství typu Výhra/Prohra.

Prvním přirozeným cílem je dokončit Deset kroků ke středně pokročilé úrovni a kvalifikovat se jako středně pokročilý seberodič. Doporučujeme důrazně, abyste do té doby, než získáte status středně pokročilého, na své Vnitřní dítě nijak nereagovali. Je to kvůli ochraně Vnitřního dítěte.

Jakmile se stanete středně pokročilým praktikujícím, můžete získat další moduly, které vám pomohou rozvinout dovednosti milovat, podporovat a pečovat o své Vnitřní dítě, jak během seberodičovských sezení, tak i v běžném životě. Tady budete mít prostor být proaktivní.

Seberodičovská sezení se dají prakticky využít mnoha způsoby. Můžete půlhodinové sezení využít k řešení Vnitřního konfliktu, k vyjádření lásky podpory a péče o vaše Vnitřní dítě, k budování sebeúcty, k vytvoření nebo posílení motivace k dosažení cílů nebo k pokračování sezení typu otázka/odpověď.

Jakmile dosáhnete středně pokročilé úrovně porozumění vztahům mezi oběma Vnitřními Já, seberodičovská sezení se stanou primárním způsobem, jak budete řešit své osobní a životní problémy včetně rozhodování o vaší budoucnosti. Bude to nejmocnějších třicet minut života. Nakonec se naučíte spolupracovat se svým Vnitřním dítětem mimo pravidelná sezení, v tom, co nazýváme „reálný svět".

Návrhy k zamyšlení
při rostoucím uvědomění

Jakmile se dostanete na středně pokročilou úroveň, můžete své vzrůstající seberodičovské uvědomění používat jedním nebo více následujícími způsoby. Jsou to metody, které prozkoumáváte v reálném světě nad rámec pravidelných sezení.

1. *Seberodičovství ve vztahu k vašemu Vnitřnímu dítěti v reálném světě.*

2. *Láska a podpora Vnitřního dítěte, péče o Vnitřní dítě.*

3. *Obyčejný den.*

4. *Řešení „malých" Vnitřních konfliktů.*

5. *Vytvoření cílů nebo motivace k jejich dosažení.*

6. *Prozkoumávání Šablon rozhovoru společně s Vnitřním dítětem.*

Seberodičovství ve vztahu k vašemu Vnitřnímu dítěti v reálném světě.

Jak bude díky třicetiminutovým seberodičovským sezením narůstat vaše uvědomění, začnete slyšet Vnitřní rozhovory častěji a hlasitěji během dne. Ačkoli Vnitřní rozhovory tam byly vždycky, nebyli jste si jich vědomi. Když se to stane, své Vnitřní dítěte nebrzděte. Poslouchejte a přiměřeně reagujte.

Díky tomu, že se seberodičovská sezení odehrávají v bezpečném režimu, má vaše Vnitřní dítě tendenci se ozvat a přijít se svým názorem nebo myšlenkou i během jiných aktivit. Poznáte, že je to Vnitřní dítě, protože z pravidelných denních sezení máte zkušenost. Jenom je třeba dávat pozor, abyste mimo sezení nesklouzli zpátky k negativnímu Vnitřnímu rodiči.

Bohužel se často stává, že Vnitřní rodič je ve chvílích, kdy na Vnitřní dítě reaguje mimo sezení, „méně než dokonalý". Aniž byste si to uvědomovali, můžete na Vnitřní dítě zareagovat zcela automaticky, způsobem, které Thomas Gordon popisuje jako dvanáct komunikačních bloků. Naučte se být vnímaví na to, jak na Vnitřní dítě reagujete během dne ve chvílích, kdy přijde s nějakou typicky dětskou poznámkou nebo požadavkem.

Je to podobné, jako když vnější dítě během procházky s vnějším rodičem něco komentuje nebo pronáší nevyžádané postřehy. Například procházíte kolem výlohy v obchodním domě a vaše Vnitřní dítě najednou zčistajasna řekne něco opavdu nečekaného. Jak reagujete coby Vnitřní rodič? V ideálním případě vaše reakce bude **„Děkuji ti, Vnitřní dítě, žes mi to řeklo"**, nebo jak to obvykle zkracujeme **„DTVDŽMTŘ"**.

Když budete obdobné situace pozorovat při čekání ve frontě v supermarketu nebo v knihkupectví, uvidíte, že mnoho rodičů na tyto situace reaguje chováním, které sahá od přívětivého přikývnutí nebo komentáře až po nevšímavost, ječení nebo dokonce uhození dítěte. Nechová se váš Vnitřní rodič několikrát za den k vašemu Vnitřnímu dítěti podobně?

Stejně jako ve vnějším rodičovství je potřeba, aby Vnitřní rodič dovolil Vnitřnímu dítěti vyjádřit jeho potřeby, pocity, myšlenky, ať jsou jakkoli absurdní nebo nerealistické. To je cesta, díky níž Vnitřní dítě roste. Jak Vnitřní dítě dozrává a zdokonaluje se jeho porozumění, dozrávají i jeho schopnosti. Ve výsledku se z něj stane mnohem silnější spojenec, který bude ve vnějším světě Vnitřního rodiče mnohem více
podporovat.

V mezidobí, kdy to budete mít na paměti, se můžete začít řídit některými obecnými pravidly. Ta se přirozeně objevují během půlhodinových sezení při přechodu k lepšímu Vnitřnímu rodiči. Nakonec se styl komunikace, který jste pravidelně každý den procvičovali a pilovali během seberodičovských sezení, začne projevovat ve vnějším světě. Do té doby je třeba tyto dobré způsoby trénovat.

Kdykoli mimo pravidelná sezení zaslechnete, že váš Vnitřní rodič dává Vnitřnímu dítěti „čočku" (a to se stane), PŘESTAŇTE. Zneužívání Vnitřního dítěte prostě nikam nevede. Sebeočerňování je pro obě Já zkratka k cíli Prohra/ Prohra.

Vnitřní dítě se díky seberodičovským sezením stane sebevědomější a asertivnější. Naslouchejte mu a užívejte si, jak se Vnitřní dítě stává odvážnější, smělejší, nebo naopak je nedůtklivé či jinak podrážděné kvůli tomu, že jste ho nevědomě ignorovali nebo jste se k němu během dne nezachovali hezky.

Nejlepší způsob, jak zvládnout spontánní komentáře a pozorování vašeho Vnitřního dítěte, je zaměstnat Vnitřního rodiče tím, že mu dáte úkol. A ten úkol spočívá tom, že mentálně (nebo dokonce nahlas!) budete reagovat na myšlenky a podněty, které jste od Vnitřního dítěte dostali. A nejlepším a nejbezpečnějším způsobem je vždy, jak si možná vzpomínáte, Vnitřnímu dítěti poděkovat – *DTVDŽMTŘ.*

To je vždy správná odpověď, dokud nepostoupíte na ověřenou střední úroveň praxe. Je to jednoduché – reagujte stejně jako během seberodičovských sezení. Když zaregistrujete, že Vnitřní dítě domluvilo, odpovězte mu stejně jako byste mluvili se svým nejlepším přítelem – *DTVDŽMTŘ.*

V reálném světě bude vždy v pořádku položit Vnitřnímu dítěti bezpečnou otázku. To nastává ve chvílích, kdy tušíte, že Vnitřní dítě chce něco říct a nejste si jistí co. Například se můžete potichu nebo nahlas zeptat:

„Vnitřní dítě, co se mi snažíš říct?"

Nebo může nastat jiná situace. Například během dne ucítíte nějakou vůni, která Vnitřní dítě rozruší a vy nevíte přesně proč. Můžete se na důvody svého Vnitřního dítěte zeptat třeba takto:

„Vnitřní dítě, připomíná ti ta vůně něco?"

Když odpoví, rozmlouvejte s ním úplně stejně jako se svým nejlepším přítelem.

Další taktikou je pochválit Vnitřní dítě kdykoli se během dne stane něco super. Například se vám podaří zaparkovat někde, kde bylo opravdu málo místa. Poděkujte Vnitřnímu dítěti za skvěle odvedenou práci. Nebo přijdete včas na jednání, o kterém jste si mysleli, že ho nestihnete, pak můžete říct:

„Vnitřní dítě, děkuji ti, žes mi pomohlo být tu včas."

Vychází to z předpokladu, že jste vnímali, jak se vám Vnitřní dítě snaží pomoct např. tím, že vám to připomínalo nebo vám jinak pomáhalo a díky tomu jste dorazili včas. Když budete dostatečně všímaví, zaznamenáte během dne mnoho příležitostí, které umožní aktivně a vědomě zapojit a ocenit Vnitřní dítě. Je to báječná praxe, která se vyplatí.

Láska a podpora Vnitřního dítěte, péče o Vnitřní dítě.

Někdy může nějaká situace nebo událost Vnitřní dítě opravdu rozesmutnit nebo znepokojit, vy ale kvůli vnějším okolnostem nemůžete Vnitřní dítě řádně utěšit nebo ukonejšit. Vnitřní dítě takovou situaci nebo událost vnímá spíše jako trauma než Vnitřní konflikt. Příklady takových událostí, které, doufejme, nikdy nenastanou, jsou třeba propadnutí u zkoušky, výpověď z práce nebo nečekaný rozchod s partnerem, se kterým máte romantický vztah. Ač se snažíme sebevíc, traumatické události se stávají.

Když by se vám tyto věci staly v době před vědomým seberodičovstvím, ignorovali byste je, zametli pod koberec nebo byste jinak znevažovali pocity zranění Vnitřního dítěte – stejně jako kdysi vaši rodiče přehlíželi, ignorovali nebo znevažovali vaše pocity ublížení a zranění ve vašem dětství.

K tomu, abyste tento cyklus zanedbávání nebo zneužívání přerušili, můžete pocity rozrušeného Vnitřního dítěte uznat a slíbit mu, že se k dané situaci vrátíte při příštím seberodičovském sezení. Jestliže vás něco během dne zneklidní nebo znepokojí, věnujte část příštího třicetiminutového sezení tomu, abyste své Vnitřní dítě ukonejšili a vysvětlili mu, proč k situaci došlo a proč jste se rozhodli tak, jak jste se rozhodli.

Jakmile začnete své sliby plnit, Vnitřní dítě se naučí důvěřovat vaší upřímnosti a zájmu. Začne se cítit milované, podporované a opečované jako se nikdy dřív necítilo!

V dané situaci byste využili své každodenní seberodičovské sezení ke zpracování Vnitřního konfliktu nebo denních traumat, která by se jinak nakupila. Půlhodinová sezení jsou ideální příležitost ke zpracování neustále se opakujících otázek, palčivých problémů, pochyb nebo nerozhodnosti.

Další aspekt toho, že jsme sami k sobě milující, podporující a pečující během dne, je to, že projevíme Vnitřnímu dítěti uznání za drobné maličkosti. Pro někoho je velkým vítězstvím už to, když zavře zubní pastu. Pro jiného je skutečnost, že dokáže kvůli seberodičovskému sezení vstát o třicet minut dříve, emocionálně na stejné úrovni jako nový milostný vztah.

Vnitřní dítě může Vnitřnímu rodiči předkládat návrhy během sezení i mimo ně. Následujte je a prožívání vašeho života se zlepší. Tady je pár výborných příkladů, jak se to může stát.

Jeden student se na návrh svého Vnitřního dítěte rozhodl jet do práce jinou cestou. Ačkoli ta cesta byla trochu delší, Vnitřní dítě bylo mnohem šťastnější. Dokonce i Vnitřní rodič souhlasil s tím, že hezčí cesta byla mnohem lepší začátek celého dne. Ona osoba jednoduše uznala pocity svého Vnitřního dítěte a to značně proměnilo způsob, jak prožívala celý den.

Jiná studentka si šla do kuchyně udělat ranní čaj předtím, než se znovu zavrtala do postele, aby absolvovala své třicetiminutové sezení. Jednou se zeptala svého Vnitřního dítěte, zda se cítí pohodlně, a to si stěžovalo, že má studené nohy.

Teprve když si navlékla přezůvky, zjistila, jak moc ji podlaha studí a jak moc studené má nohy a jak je jí vlastně kvůli tomu celé sezení nepohodlně. Jak později poznamenala: „Tak jednoduché řešení problému, o kterém jsem ani nevěděla."

Stačí jen dávat pozor a objevíte mnoho příležitostí, jak během dne milovat a podpořit Vnitřní dítě a pečovat o něj. Základní pravidlo je dát Vnitřnímu dítěti to, co potřebuje, a to tak dlouho, jak to bude potřebovat, pokud tím nebudete zraňovat někoho jiného včetně Vnitřního rodiče.

To platí zejména v běžných činnostech, které obvykle považujeme za samozřejmost, například jakou používáme zubní pastu, jaké nosíme šaty nebo jaké si kupujeme mýdlo. Vaše Vnitřní dítě má své názory a když ho budete uznávat a starat se o něj, bude vám to vracet pozitivními pocity. To je velmi obohacující a uspokojující.

Běžný den

Se svým Vnitřním dítětem trávíte čas nejen během třicetiminutových sezení, ve skutečnosti jste spolu i po celý zbytek dne. Jak se budou vaše každodenní sezení prohlubovat, budete zažívat zvýšenou vnímavost v jakékoli jiné situaci, kdykoli se budete angažovat v reálném světě.

Pravděpodobně si začnete více uvědomovat jazyk Vnitřního rodiče, který vůči Vnitřnímu dítěti používáte pravidelně na denní bázi. A tím se vteřinu za vteřinou, minutu za minutou vaše komunikace s Vnitřním dítětem přesouvá z předchozího nevědomí do vědomé pozornosti.

Je možné, že uslyšíte sami sebe, jak mnohokrát za den Vnitřní dítě obviňujete, jak mu nadáváte, jak ho poučujete, něco mu přikazujete, jak ho kritizujete, soudíte nebo zastrašujete, aniž byste si vůbec uvědomovali, jaké psychické škody si tím způsobujete. Takový styl komunikace je pro Vnitřní dítě neobyčejně škodlivý. Poškozuje to váš vzájemný vztah. Všechno to způsobuje váš Vnitřní rodič, všechno si to děláte sami.

Jestli se vám to někdy stane, můžete podniknout konkrétní kroky v reálném světě a uskutečnit změny, které jsou třeba. Tyto změny nemají nic společného s vaším Vnitřním dítětem. Jsou to výhradně kroky na straně Vnitřního rodiče, které musí Vnitřní rodič podniknout, aby se snížila míra, kterou se Vnitřní rodič podílí na mentálním stresu. Jsou to dobrovolné činy Vnitřního rodiče, není to nic zvenku, co by vás nutilo to dělat.

Pokud zaslechnete přestřelku odehrávající se uvnitř vaší hlavy, první krok pozitivního vnějšího seberodičovství je jednoduše přestat kritizovat Vnitřní dítě během Vnitřních rozhovorů. Poznáte, jestli to děláte, protože je to něco, co rozhodně jako Vnitřní rodič během seberodičovských sezení neděláte. Není to vaše Vnitřní dítě, kdo dělá všechen ten rámus.

Pokud svému Vnitřnímu dítěti během Vnitřních rozhovorů pětkrát vědomě řeknete, že ho milujete, a pak mu během dne automaticky a nevědomě stokrát řeknete, že je „hlupák", „tlusťoch", „beznadějný případ" nebo „idiot", tak celková míra vaší sebeúcty bude poměrně nízká.

Zkuste se řídit touto jednoduchou radou. Když uslyšíte sami sebe, jak coby Vnitřní rodič během dne kritizujete své Vnitřní dítě, tak jednoduše PŘESTAŇTE! Pravděpodobně budete vnímat, že obě strany jsou vnitřně dost napružené a ani jedna nehodlá ustoupit a nechat to být. To není váš obvyklý stav mysli. Pro Vnitřního rodiče je jednodušší bitku ukončit a přestat přispívat k této argumentaci. Vnitřní dítě je připraveno se dál dohadovat a to je pro danou chvíli v pořádku.

Coby Vnitřní rodič víte, že je zcela v pořádku přestat reagovat negativními výroky. Není žádný důvod říkat špatné věci. To nikomu nepomáhá. Vaše hlava bude napůl prázdná, když to uděláte, a to je první velký krok! Zkuste to!

Jakmile přestanete „živit" stranu Vnitřního rodiče, stále můžete slyšet, jak si vaše Vnitřní dítě dál stěžuje a to je úplně v pořádku. NESNAŽTE SE Vnitřní dítě v takovou chvíli zastavit. Vlastně chcete všechno slyšet.

Jeden důvod je, že se díky tomu dozvíte, co vám Vnitřní dítě chce říct. A za druhé, pomáhá to vašemu Vnitřnímu dítěti uvolnit veškerou negativitu, kterou chová k vám nebo k situaci, na kterou si stěžuje.

Za takových okolností to nejlepší a nejjednodušší, co můžete udělat, je prostě jednostranně zastavit komunikaci ze strany Vnitřního rodiče do doby, než se Vnitřní dítě uklidní. Jenom se adaptujte na režim „naslouchám, slyším", podobně jako to děláte během sezení, a kdykoli vaše Vnitřní dítě něco řekne, poděkujte mu *DTVDŽMTŘ*. Nekomunikujte a ani nepřidávejte žádné nové liché myšlenky, byť si myslíte, že jsou báječné a coby Vnitřní rodič je považujete za správné.

Na tom, jak rychle váš Vnitřní rodič zvládne tuto situaci, záleží, jak rychle se Vnitřnímu dítěti uleví a kdy se nakonec utiší. Je to podobné jako ve vnějších vztazích – taky se nedoporučuje snažit se domluvit s někým, s kým se právě dohadujete a jste přitom oba rozrušení a neklidní. Pokud vydržíte druhému naslouchat bez přerušování, lze doufat, že se druhá osoba uklidní a někdy příště nebo později si to budete moci racionálně vyříkat.

Další úrovní je kdykoli během normální činnosti přestat při komunikaci s Vnitřním dítětem používat negativní jazyk. To je ještě o něco ošidnější, protože nejste ve stresu a nabití vášní, takže vnitřní rozhovor je sotva zřetelný. Dokonce i když se jen tak poflakujete, tak Vnitřní rodič může vůči Vnitřnímu dítěti používat drobné sarkasmy nebo projevovat skryté nepřátelství, které jste se naučili přímo od vašich rodičů.

Komentáře tohoto typu totálně závisejí na naprogramování Vnitřního rodiče. Dvanáct komunikačních bloků z Gordonovy knihy *Výchova bez poražených* (P.E.T.) bude vaším dobrým průvodcem. Jakýkoli komunikační blok, u kterého poznáte, že pochází od vašich vnějších rodičů, se promítne do programu Vnitřního rodiče a zůstane tam, dokud ho nezačnete záměrně rozpoznávat a důsledně na vědomé úrovni uvolňovat.

Během tichých chvil s Vnitřním dítětem pozorujte, zda vůči Vnitřnímu dítěti nesklouzáváte coby Vnitřní rodič během dne k negativní komunikaci jako jsou např. zraňující komentáře, pozorování nebo soudy. To, co Vnitřní rodič vnímá jako upřímný a otevřený názor, může Vnitřnímu dítěti připadat jako negativní soud.

Převzetí reálných postupů popsaných v Gordonově knize Vnitřním rodičem na kterékoli úrovni, poskytuje Vnitřnímu dítěti prostor rozvinout autonomii, úctu a sebekontrolu. Tím, že Vnitřní rodič přestane s jakoukoli formou negativních výroků a komentářů na účet Vnitřního dítěte, poskytne Vnitřnímu dítěti důkaz, že je odhodlán ho milovat, podporovat a pečovat o něj. Redukovat počet negativních komentářů Vnitřního rodiče na nulu je správné rozhodnutí.

Řešení „malých" Vnitřních konfliktů.

Větší problém, který spouští velký Vnitřní konflikt, se může objevit nečekaně a v jakýkoli den. Kdykoli jste zmatení nebo nerozhodní nebo když se vaše tělo potýká s fyzickými známkami stresu, znamená to, že mezi Vnitřním rodičem a Vnitřním dítětem existuje Vnitřní konflikt. Po nějaké době to bude zřejmé.

To, co není tak zřejmé, je, že Vnitřní konflikty nemusejí být nutně situace plné chaosu nebo nepokoje. Mohou se také projevovat jako tlumené hučení znějící kdesi vzadu v hlavě. Ačkoli to nemusíte pociťovat jako konflikt, ale spíše jako zmatek nebo nedorozumění mezi dvěma Vnitřními Já, tak dokonce i na té nejjemnější úrovni je to vždy o tom, že příslušná otázka nebyla zpracovaná a příslušná energie nebyla uvolněna.

Zapamatujte si to. Jakmile v hlavě opakovaně slyšíte stejnou konverzaci, která trvá tři dny (tři týdny, tři měsíce) anebo déle, jedná se o Vnitřní konflikt. Dokonce i když to není nijak bouřlivé, sedněte si a zapište to. Dostaňte tu konverzaci z hlavy! Dokud to neuděláte, tak nepřestane!

Jakmile konverzaci zapíšete, uvidíte, o jaký konflikt se jedná. Jedna vaše část něco chce, druhá část chce přesný opak anebo třeba chce ještě něco jiného. Na první pohled se to tváří jako maličkost nebo něco nedůležitého, takže si snadno můžete myslet, že se tím nemusíte zatěžovat. Opak je pravdou!

S tak rychlým tempem moderního života můžete v různých okamžicích dne zažít jasný Vnitřní konflikt. Jenom v danou chvíli nemáte čas si sednout a projít všech Osm kroků. Možná právě potřebujete být včas na dohodnutém setkání nebo máte něco důležitého, co je třeba dodělat ještě předtím, než se budete věnovat pocitům obou Vnitřních Já. Pokud je to jen trochu možné, zkuste si toho co nejvíce zapsat. Přinejmenším se vám uleví a budete moci pokračovat dál, aniž by vám něco hlasitě hučelo v hlavě na pozadí.

Ukázalo se, že seberodičovská sezení jsou ke zpracování takových situací nejlepší. Pokud se problém nebo Vnitřní konflikt objeví během dne, řekněte Vnitřnímu dítěti, že se dané záležitosti budete věnovat během příštího třicetiminutového sezení. Pokud to je možné, stručně si situaci zapište v rozsahu, který bude možný, a záznam založte do pořadače tak, abyste s ním mohli příště začít jako první.

V důsledku toho se Vnitřnímu dítěti na chvilku uleví a bude se cítit lépe. Určitě však svůj slib dodržte. Pokud nedodržíte, co jste slíbili, Vnitřní dítě se bude cítit zrazené a příště, až zase něco řeknete, může odmítnout vám znovu uvěřit.

Během příštího seberodičovského sezení udělejte vše, abyste Vnitřní konflikt vyřešili. Věnujte tomu klidně i celou dobu sezení, pokud bude třeba projít Osm kroků. Použijte techniku Výhra/Výhra, abyste pozitivně ošetřili potřeby Vnitřního rodiče a Vnitřního dítěte. Pokračujte v Osmi krocích a usilujte, aby obě strany byly uspokojeny.

Obvykle doporučuji nepřekračovat délku třiceti minut vyhrazenou pro seberodičovská sezení, a je k tomu hodně důvodů. Jedinou výjimkou je, že pracujete na Vnitřním konfliktu. Vezměte si času, kolik potřebujete, abyste pokročili alespoň ke kroku 7, kde se rozhodnutí uvádí v život. Pokud se z nějakého důvodu nemůžete dobrat řešení ve vyhrazeném čase, vraťte se k tomu co nejdříve, jak jen to bude možné.

Vytvoření cílů nebo motivace k jejich dosažení.

Jednou z odpovědností Vnitřního rodiče je formulovat užitečné a pozitivní cíle posilující váš život. Vnitřní rodič ale musí vzít do úvahy přání a touhy Vnitřního dítěte a dovolit, aby se Vnitřní dítě podílelo na rozhodování. Na základě intelektuálních znalostí a plánování se Vnitřní rodič může rozhodnout jít studovat, změnit práci, přestěhovat se do jiného města nebo země, ukončit vztah, zkusit jinou dietu, přestat kouřit nebo naplánovat velká životní rozhodnutí.

Přesto je Vnitřní dítě rovnocenný partner, který musí říct své. Pokud Vnitřní dítě nechce poskytnout svoji energii a dodat své nadšení, navrhované či plánované změny selžou. Pokud se Vnitřní rodič rozhodne pro kariéru, kterou Vnitřní dítě nesnáší, nebude pro vás snadné kariérně uspět.

Pokud si vyberete (nebo přesněji spolu-vyberete) kariéru, kterou vaše Vnitřní dítě miluje, pak budete mít k dispozici nekonečné nadšení a energii k tomu uspět, dokonce i když bude Vnitřní rodič v daném oboru intelektuálně nebo technicky nepřipravený. Vnitřní rodič si dokáže osvojit nové dovednosti, pokud se je Vnitřní dítě bude chtít skutečně naučit.

Pokud Vnitřní dítě nebude mít zájem, bude pro Vnitřního rodiče velmi obtížné vygenerovat nadšení k tomu, aby získal potřebné dovednosti. Pokud Vnitřní dítě nebude spokojené se směrem, kterým se vaše životní cesta ubírá, bude rebelovat, odporovat nebo to vzdá. Zjistíte, že většina úspěšných jedinců přirozeně následovala touhy svého Vnitřního dítěte a jejich práce je opravdu bavila.

Chcete-li svůj život trvale zlepšit, musíte rozhodně zajistit, aby na společných cílech spolupracovala obě Vnitřní Já. Klíčem je zapsat a během seberodičovských sezení vyřešit všechny záležitosti a Vnitřní konflikty, které se v souvislosti s uvažovanými změnami mohou vynořit. To zajistí, že k dosažení cílů budou využity jedinečné síly a dovednosti obou Vnitřních Já. Skutečně pozitivní Vnitřní rodič trvale vysílá signály nabité aktivní touhou uspokojit potřeby Vnitřního dítěte. Potřeby Vnitřního dítěte jsou ty, které Vnitřní dítě vyjadřuje, nikoli ty, o kterých si Vnitřní rodič myslí, že by je Vnitřní dítě mělo mít.

Všechny kroky k trvalému růstu uvědomování musí zahrnovat řešení Výhra/Výhra pro obě Já. Vnitřní rodič se nemůže jednostranně rozhodnout, že bude šťastný, bohatý a úspěšný, a to do úterka do 12.00, a pak nutit Vnitřní dítě, aby se dalo do práce. Stejně jako nemůže vnější rodič

nařídit svému vnějšímu dítěti, aby bylo šťastné, bohaté
a úspěšné, jako se to často stává. Jednostranné akce nebo
požadavky nevydrží, protože spolupráce musí vycházet
z obou stran vztahu. Obě Já musí aktivně toužit po tom, aby
změny byly trvalé.

Když Vnitřní dítě konečně uvěří, že opravdu chcete
jeho potřeby uspokojit, otevřeně vám řekne, co se děje,
když se ho správně zeptáte. Podpořte své Vnitřní dítě, aby
své potřeby sdílelo, a ujistěte ho, že vy, Vnitřní rodič, jste
tu od toho, abyste jeho potřeby uspokojili.

Zásobujte své Vnitřní dítě mnoha pozitivními
ujištěními, že mu dáte cokoli bude chtít, jak jen to bude pro
vás možné. Každý cíl nebo životní plán, o který usilujete,
musí k dosažení trvalého úspěchu přirozeně spojovat sílu
a energii obou Vnitřních Já.

Prozkoumávání Formátu rozhovoru
společně s Vnitřním dítětem.

Naučit se klást Vnitřnímu dítěti opravdu dobré otázky
je vysoce žádoucí dovednost Vnitřního rodiče.

Jsou to vaše otázky, které aktivně rozvíjejí otevřenost
a vzájemnou komunikaci mezi oběma Vnitřními Já.
Prostřednictvím studia modulů pro středně pokročilé se váš
Vnitřní rodič naučí, jak se Vnitřního dítěte ptát na minulé,
přítomné či budoucí situace ve vašem životě.

Občas můžete zahlédnout článek, knihu nebo webovou
stránku, kde budou psychologické otázky na určité téma.
Řekněme, že čtete článek o zdravém stravování. Je to
dotazník nebo série článků s různými doporučeními. Pokud

chcete, můžete se svým Vnitřním dítětem o těch otázkách vést dialog.

Jediné, co musíte udělat je, že tyto otázky zakomponujete do seberodičovských sezení v následujícím formátu:

„Vnitřní dítě, co si myslíš o _______________ *(zde bude otázka, na níž se ptáte)?“*

Existuje kniha ***Jakou barvu má váš padák***, která je navržená tak, aby pomohla lidem získat práci nebo se rozhodnout pro novou kariéru. Téměř na každé stránce je mnoho různých otázek, které mapují čtenářův názor a jeho touhy, které spojuje s novou kariérou.

Jindy je naprosto nutné, aby vám konkrétní informace poskytlo přímo Vnitřní dítě, protože je to nedílná součást řešení vnějšího problému nebo Vnitřního konfliktu. V takových případech bude třeba, abyste se svého Vnitřního dítěte zeptali přímo, na oplátku budete očekávat přímou odpověď.

K tomu účelu jsou velmi vhodné a užitečné obecné otázky. Jedna spolehlivá možnost je tato:

„Vnitřní dítě, chceš _______________
nebo _______________ *?“*

Tento typ otázek funguje skvěle a je to předzvěst budoucího zájmu Vnitřního dítěte.

> *– Vnitřní dítě, chceš jet na hory nebo k moři*
> *na pláž?*

> – *Vnitřní dítě, chceš se v pátek v 9,00 ráno dívat v televizi na program na jedničce nebo na dvojce?*

> – *Vnitřní dítě, chceš jít do kina nebo na koncert?*

> – *Vnitřní dítě, máš hlad a chceš radši něco slaného nebo sladkého? Nebo máš opravdu žízeň?*

> – *Vnitřní dítě, chceš dělat něco úplně jiného?*

> – *Vnitřní dítě, co chceš dělat?*

S pomocí škály od jedné do deseti můžete zjistit přesně, čemu dává Vnitřní dítě přednost, a podle toho se přiměřeně rozhodnout. Můžete se ptát ještě konkrétněji pomocí následujících otázek:

„Vnitřní dítě, na škále od jedné do deseti, jak moc se ti chce: …?"

> – *Jet na hory?*

> – *Jít na pláž?*

> – *Dívat se v televizi na jedničku?*

> – *Dívat se v televizi na dvojku?*

> – *Jít do kina?*

> – *Jít na koncert?*

> – *Dát si něco slaného?*

> – *Dát si něco sladkého?*

> – *Něčeho se napít?*

> – *Utratit peníze za toto?*

> – *Utratit peníze za tamto?*

Překvapivě – vyšší číslo vyhrává, tak to zkuste!

Další dobrý způsob, jak používat škálu od jedné do deseti, je vytvořit otázku v následujícím formátu:

„Vnitřní dítě, na škále od jedné do deseti, jak moc se cítíš …?"

- *Znuděné?*

- *Rozzlobené?*

- *Nešťastné?*

- *Radostné?*

- *Odpočaté?*

- *Hladové?*

- *Unavené?*

Vnitřní dítě buď odpoví hned, anebo pokud neodpoví, tak víte, že to pro něj není důležité. Obecně je lepší se Vnitřního dítěte ptát tak, aby mohlo odpovědět „ano/ne" nebo na škále od 1 do 10. Snáz se mu na tento typ otázek odpovídá, jak to znáte z hovorů s vnějšími dětmi.

Může být jednodušší dát Vnitřnímu dítěti vybrat ze dvou nebo tří možností než ho požádat, aby „vyplnilo prázdnou kolonku". Jsou to situace, kdy dáte vnějšímu dítěti na výběr mezi čokoládovou, vanilkovou a jahodovou zmrzlinou nebo se ho v situaci, kdy má před sebou na výběr přes třicet druhů zmrzliny, zeptáte „Tak jakou chceš?"

Ještě horší je, když se v situaci, kdy je nepřeberně možností na výběr, zeptáte „co by sis dalo jako dezert?" Dobrat se nějakého rozhodnutí může trvat celou věčnost, jak mnozí rodiče zažili na vlastní kůži. S Vnitřním dítětem to funguje úplně stejně.

Pokud se potřebujete Vnitřního dítěte zeptat přímo, je nejlepší položit otázku, která míří přímo do černého. Spolehlivý způsob, jak zjistit, co si Vnitřní dítě myslí, nebo jak zpřesnit jeho názor či vyřešit dilema, je tento:

> ***„Vnitřní dítě, kdybys mělo na výběr, raději bys _______________ nebo _______________?"***

Nebo:

> ***„Vnitřní dítě, co cítíš?"***

Nebo nejlepší otázka ze všech:

> ***„Vnitřní dítě, co je to, co potřebuješ?"***

Další možné varianty jsou:

„ Vnitřní dítě, je tvoje potřeba fyzická? "

„ Vnitřní dítě, je tvoje potřeba emocionální? "

„ Vnitřní dítě, je tvoje potřeba mentální? "

„ Vnitřní dítě, je tvoje potřeba sociální? "

Odpovědi, která vám budou vyskakovat v hlavě okamžitě, jakmile položíte otázku, vyjadřují názory a postoje Vnitřního dítěte.

Zdroje pro další studium

Naučili jste se, že musíte být aktivní a vědomý seberodič Vnitřního dítěte. Nestačí jen vědět, že existuje seberodičovství (první úroveň porozumění). K tomu, abyste se cítili lépe, musíte tyto znalosti též používat sami u sebe (druhá a třetí úroveň porozumění).

Používejte seberodičovská cvičení k léčení a uzdravování sebe sama vždy, když budete smutní, vystrašení, rozrušení nebo rozzlobení. Každodenní půlhodinová sezení můžete využít k tomu, abyste se ve chvílích, kdy budete na dně, dali díky lásce, podpoře a péči o své Vnitřní dítě zase dohromady.

Pro další studium seberodičovství vám doporučuji následující knihy. Každá z nich svým vlastním způsobem přináší cenný vhled do „vnitřního" procesu seberodičovství. Pročítejte tyto texty s použitím nově nalezeného uvědomění získaného z Vnitřních rozhovorů. Pokračujte v seberodičovských sezeních důsledně a s pozitivním naladěním, abyste se dopracovali svého ideálního seberodičovského stylu. Cvičte se ve sdílení a dávání lásky tam, kde to má skutečný smysl – během Vnitřních rozhovorů se svým Vnitřním dítětem. Čtení těchto knih je další možnost, jak si Vnitřní rodič může začít uvědomovat své automatické a nevědomé způsoby seberodičovství. Tyto knihy je třeba číst s vědomým pochopením seberodičovství, které uplatňujete ve Vnitřních rozhovorech, to přináší největší užitek. Jsou dostupné online nebo se dají objednat v místním knihkupectví.

Výchova bez poražených –
Trénink efektivního rodičovství
(P.E.T. – Parent Effectiveness Training)

Thomas Gordon. Praha: Malvern, 2012

Tato kniha je skvost úspěšných metod vnějšího rodičovství. Všichni vděčíme Thomasu Gordonovi za to, že díky němu jsou koncepty vnějšího rodičovství srozumitelné a snadno pochopitelné. Používejte vůči svému Vnitřnímu dítěti metodu aktivního naslouchání. Zejména část o dvanácti komunikačních blocích významně osvětluje mnohé nežádoucí a nevhodné rodičovské způsoby, kterými Vnitřní rodič omezuje a poškozuje Vnitřní dítě. Je to kniha, kterou musíte přečíst (opakovaně), abyste rozvinuli své seberodičovské dovednosti.

Kniha vyššího vědomí
(Handbook to Higher Consciousness)

Ken Keyes. Praha: Pragma, 1994

Tato kniha je také klasika a měli byste si ji přečíst, abyste svého Vnitřního rodiče poučili. Principy v této knize jsou intelektuálně bezchybné a považuji je za obzvlášť vhodné k tomu, abyste coby Vnitřní rodič přestali produkovat mentální negativitu.

Keyesovy metody jsou specifické mentální techniky, jak cvičit a vzdělávat Vnitřního rodiče v tom, aby ukončil mentalitu závislosti a nároků a začal se učit pro něj výhodnější konstruktivní a pozitivní sebeprogramování.

Jak fungují vztahy
(How Relationship Work)

John K Pollard, III. Rancho Cordova: Generic Human Studies, 2008

Seberodičovství je založeno na niterném vztahu mezi Vnitřním rodičem a Vnitřním dítětem. Když se seberodičovský vztah transformuje v pozitivní, zjistíte, že začínáte věnovat skutečnou pozornost tomu, jak fungují vaše vnější vztahy.

Ve vnějších vztazích máte pod kontrolou pouze jednu stranu pracovní houpačky. K úspěchu potřebujete nejen své vlastní aktivní pozitivní seberodičovství, potřebujete také rozumět tomu, jak fungují ostatní mezilidské vztahy. Hlavním klíčem k úspěchu ve vnějším světě je úspěch ve vnějších vztazích. Podobně jako v této knize, i zde naleznete něco, co jinde nenajdete.

Knihy o vnitřních hrách
(„Inner Game")

Timothy Gallwey. Různá vydání.

Všechny knihy o vnitřních hrách od Timothy Gallweye stojí za přečtení, zejména pokud vás zaujme podtitul konkrétní publikace. Napsal knihy o tenisu, golfu, stresu, práci, hudbě atd. Používá termíny První Já, což je ekvivalent Vnitřního rodiče, a Druhé Já, což odpovídá Vnitřnímu dítěti. Naučíte se nové a zábavné způsoby, jak během vnějších aktivit rozmlouvat se svým Vnitřním dítětem.

Jakou barvu má váš padák?
(What Color is Your Parachute?)

Richard N. Bolles. Ten Speed Press. Různá vydání.

Tato kniha je nejvhodnější pro toho, kdo hledá
novou práci nebo zkoumá možnosti kariérní změny. Jak
už zaznělo dříve, je to kniha plná otázek všeho druhu
zaměřených na životní cíle, kariérní ambice a další jiné
volby spojené se životním stylem.

Profesionální pomoc

Čím drsnější a krutější vnější rodičovství jste zažili jako
dítě, tím drsnější a krutější Vnitřní rodič budete. Zdá se,
že spolehlivě nejhorší vnější rodičovství museli snášet děti
rodičů alkoholiků.

Zvládací mechanismy a obranné vzorce, které
musely tyto děti vyvinout, jsou srovnatelné s těmi, které
potřebovali přeživší koncentračních táborů. Emocionální
vzorce a psychické záležitosti jsou uložené neobyčejně
hluboko. Vzhledem k tomu, že oběti takového zacházení
se k tomu, aby vůbec přežili, museli naučit sebepopření
a sebeizolaci, je nesmírně složité a náročné překonat
naučené vzorce bez kvalifikované pomoci.V současné
době jedna ze tří amerických rodin hlásí, že člen rodiny
zneužívá alkohol. Pokud jeden z rodičů, nebo dokonce
oba, soustavně ničili vaše dětství tím, že pili alkohol,
brali drogy nebo projevovali jiné závislé chování,
doporučujeme, abyste vyhledali pomoc terapeuta nebo se
obrátili na organizaci, která výslovně rozumí psychologické
problematice dospělého dítěte alkoholika. Seberodičovství
je za takových okolností pravděpodobně značně obtížné
a vyčerpávající, jste-li na něj sami.

Pro lidi, kteří zažili dysfunkční vnější rodičovství nebo pocházejí z rozbitých či jinak neúplných rodin, může být těžké uvést pozitivní seberodičovství do života. Například si vůbec nemusí všimnout, že mají s rodičovstvím nějaký problém, a to kvůli speciální povaze popření, která je v něm zahrnutá. V takových případech je potřeba někoho trénovaného na to, aby dokázal tyto vzorce rozpoznat a pomohl je uvolnit.

Dospělé děti alkoholiků je dvanácti krokový program založený k organizaci svépomocných skupin dospělých dětí alkoholiků a spoluzávislých rodičů/pečujících osob. Pro bližší informace kontaktujte :

http://www.adultchildren.org

Závěr

Vztah mezi rodičem a dítětem je základní vztah lidství. Každý z nás začíná svůj život jako kokon v matčině lůně. Každý z nás je vnějšími rodiči naprogramován k lepšímu nebo k horšímu. Vnější rodiče dělali to nejlepší, co vzhledem ke svým jedinečným okolnostem mohli, a čeho byli na základě vnějšího rodičovství, kterého se jim dostalo, schopni.

V dnešním světě má pro vás coby dospělou osobu to, co vaši rodiče udělali nebo neudělali, menší důsledky. To, oč jde a co má teď význam, je to, jak budete předanou rodičovskou dynamiku během Vnitřních rozhovorů udržovat.

Vztahová dynamika, kterou jste ve svých Vnitřních rozhovorech odhalili, existuje ve všech vztazích rodič/dítě. Dynamika těchto dvou rolí musí nutně zahrnovat přirozené silné stránky obou stran, rodiče a dítěte. Možná vám to teď přijde samozřejmé.

To, co ale tak samozřejmé není, je, jak moc může být váš život úspěšný, budete-li se díky vědomému studiu efektivního seberodičovství cvičit v tom být sám sobě lepší Vnitřní rodič.

Rozvoj této schopnosti vám poskytne hlubokou léčivou zkušenost. Mějte svého Vnitřního rodiče k tomu, aby vaše Vnitřní dítě utěšil, když bude plakat. Upokojte své Vnitřní dítě, když bude v emočním napětí či stresu.

Využijte své nově získané uvědomění k tomu, abyste si během Vnitřních rozhovorů dopřáli pocit, že je o vás postaráno a že jste v bezpečí. Naučte se uspokojovat své potřeby, aniž byste čekali, že se o ně postará někdo jiný. Nejvyšším cílem je úplné uzdravení, bez ohledu na to, jak stará jsou vaše zranění.

Jsem optimista. Věřím, že myšlenky v této knize vás budou motivovat a stimulovat k tomu, abyste vy, Vnitřní rodič, poskytovali občma   Vnitřnímu rodiči a Vnitřnímu dítěti, pocity štěstí, smysluplnosti a naplnění.

Zjistíte, že mnoho Vnitřních pravd, které vám přinesly uvědomění, se staly, spolu s konceptem pozitivního seberodičovství, vaší nedílnou součástí. Teprve nyní začínáme chápat jejich potenciál. Objevili jste tajemství svého vlastního vesmíru – stali jste se sami sobě nejlepšími možnými rodiči ve svých vlastních Vnitřních rozhovorech.

O autorovi

JOHN K. POLLARD, III začal studovat metody růstu vědomí v roce 1969. Výsledkem jeho obsáhlého studia a bohatých zkušeností byl průlomový koncept Seberodičovství (Self Parenting). Stal se odborníkem na řešení Vnitřních konfliktů.

Program seberodičovství představuje kvantový skok ve vědomém růstu vědomí a Johnův vlídný, osobní, a přesto přímý, styl ovlivnil tisíce lidí a pomohl jim stát se zdravějšími a příčetnějšími bytostmi.

John je nejenom autor knihy, je i neúnavný propagátor seberodičovství. Na toto téma uspořádal mnoho rozhlasových, televizních a konferenčních vystoupení. Navštivte stránku Johna K. Pollarda III na Amazonu a získejte více informací o jeho dalších objevech a knihách.

http://tinyurl.com/cnhxwye

LINDA NUSBAUM je malířka, návrhářka a ilustrátorka na volné noze. Je absolventkou umělecké školy Otis Art Institute v Parson's School of Design. Pracuje na mnoha projektech na obou pobřežích Spojených států včetně projektů interaktivních výstav pro dětská muzea, filmových obrázkových scénářů, nástěnných maleb a olejomaleb.

Generic Human Studies®

Všichni jsme lidské bytosti, všichni máme společné potřeby. Je na čase, aby se každý člověk, každá skupina, každý národ postavil realitě čelem a začali jsme si vzájemně pomáhat růst prostřednictvím uspokojování společných potřeb.

Jakmile jsou naše potřeby uspokojeny, je pro nás přirozené pomáhat ostatním uspokojit ty jejich. Díky tomu mohou uspokojené a šťastné skupiny začít pomáhat těm, jejichž potřeby naplněné nejsou, a tím měnit jejich životní zkušenosti k lepšímu.

Generic Human Studies® poskytuje rozmanité a jedinečné vhledy do toho, čím různí výzkumníci přispěli k obecnému poznání různých aspektů třech lidských meta-funkcí: lidského zdraví, lidského štěstí a mezilidských vztahů.

Na obecné úrovni se chce každý člověk cítit dobře: mít zdravé tělo, zdravou mysl a zdravé vztahy. Generic Human Studies definují nové standardy pomoci druhým, učí vnímat a uzdravovat jejich tělo, mysl a vztahy. Proč dělat proces lidského uzdravování a léčení složitější a dražší než je třeba?